上海

基本
In

上海

（通貨）

1元＝15.7円

（2019年12月現在）

（日本との時差）

マイナス1時間

（人口）

約2424万人（2018年統計）

（面積）

約6340.5㎢

（言語）

中国語（北京語）

（日本からのアクセス）

日本各地から上海浦東国際空港へ直行便が運航している。羽田空港からの便は上海虹橋国際空港が利用される。直行便の場合、フライト時間は3時間30分～4時間ほど。

ライトアップされた外灘

タビトモ
上海

Contents

上海蟹はぜひ味わおう

シノワ雑貨をおみやげに

小籠包は上海発祥の名物グルメ

林立する高層タワー

淮海中路はブランドの
ブティックなどが並ぶ
おしゃれなエリア

こっちも行っとく？
モア
タウン

蘇州の名刹、寒山寺

歴史を体感する豫園

マークの見方
- **交** 交通（駅など基点となる場所からのアクセス方法と所要時間の目安を表示）
- **Ⓜ** 軌道交通（地下鉄）駅
- **住** 住所
- **電** 電話（現地の電話番号を市外局番から掲載。国際電話のかけ方はP108）
- **時** 時間
- **休** 休日（基本的に定休日のみを表示。年末年始や旧正月、祝祭日については省略）
- **料** 料金（基本的に大人料金を掲載。ホテルの場合、1室1泊あたりの宿泊料金の目安。）

- **日ス** 日本語スタッフがいる
- **日メ** 日本語メニューがある
- **英ス** 英語スタッフがいる
- **英メ** 英語メニューがある
  ※日本語サービスがある場合、英語サービスの表記は省略

その他注意事項
★この本に掲載した記事やデータは2019年12月の取材、調査に基づいたものです。発行後に料金、営業時間、定休日、メニュー等の営業内容が変更になることや、臨時休業等で利用できない場合があります。また、各種データを含めた掲載内容の正確性には万全を期しておりますが、おでかけの際には電話等で事前に確認・予約されることをお勧めいたします。なお、本書に掲載された内容による損害等は、弊社では補償いたしかねますので、予めご了承くださいますようお願いいたします。

★中国に滞在する16歳以上の外国人は、パスポートなどの身分証明書を常時携帯していることが義務付けられています。違反した場合、警告、罰金などが科されることがあります。

★通貨…中国の通貨はユアン（元）です。1元＝15.7円（2019年12月現在）。

★地名・物件名…中国語表示部分はすべて標準語（北京語）により表示しています。

事前に確認! シーズンCheck

旧暦の正月は年によって変わる。全国的に3日間〜1週間程度の休みになり、商店も休むところが多い

↑到福（福が来るという意味）の飾り。春節に玄関に飾られる

↑蘇州・拙政園の中園にある池で柳が芽吹く

「江南の三月」という言葉があるように、3月から4月には周辺の水郷地帯で菜の花や桜が咲き誇る

端午節には竹皮で包んだちまきを食べる。初夏になると、近郊からライチ、モモ、サクランボが届き、店頭を飾る

1月
●1日（元旦）
●25日※ 春節（旧暦の正月）。7日間の連休になる

2月
●8日※ 元宵節（旧暦の1月15日）。豫園で灯篭祭りが開かれる

3月
●8日 婦女節。女性は半日休み

4月
●4日※ 清明節。祖先の霊を祭り、墓参りに出かける。3連休になる

5月
●1日 労働節（メーデー）。5連休になる
●4日 青年節。中学生以上の学生は1日休み

6月
●1日 児童節。児童の日で、小学生は1日休み
●25日※ 端午節（旧暦の5月5日）。ちまきが食べられ、ドラゴンボートのレースが行われる。3連休になる

（冬）気温は日本とほぼ同じで、1〜2月が最も寒くなる。長袖シャツ、セーター、コートは必需品。

（春）気温は東京とほぼ同じ。3月下旬から暖かくなってくるが、4月下旬までは長袖の上着は必要。スギなどはないので花粉症の心配はいらない。

（夏）6月中旬〜7月中旬が梅雨になる。

平均気温[℃] & 降水量[mm]

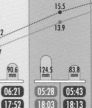

	1月	2月	3月	4月	5月	6月
平均気温（東京）	5.2	6.6	10.2	15.5	20.7	24.5
平均気温（上海）	4.8	5.7	8.7	13.9	18.2	21.4
降水量（東京）	52.3	56.1	117.5	124.5	137.8	167.7
降水量（上海）	59.1	58.8	90.6	83.8	91.6	161.0
日の出 東京	06:50	06:42	06:11	05:28	04:49	04:27
日の出 上海	06:52	06:47	06:21	05:43	05:09	04:51
日の入 東京	16:38	17:08	17:36	18:03	18:28	18:52
日の入 上海	17:02	17:28	17:52	18:13	18:33	18:54

東京　上海

●…祝日　★…イベント　※…移動祝日。旧暦などに基づいて決まるため、年により日付が変わる（上記は2020年の予定）

中秋節には月餅を食べる風習があり、店先にも多く登場する。新雅粤菜館や杏花楼が有名

↑中秋節には月餅が食べられる

上海蟹のシーズン到来！ 10～11月は卵を抱えたメス、11～12月は脂がのり、ミソが詰まったオスが食べごろ

↑上海の秋から冬の味覚、上海蟹

---

7 月

●1日
中国共産党創立記念日。1921年の中国共産党起立を記念する式典が開かれる

8 月

●1日
建軍節。1927年の中国共産党の武装蜂起を記念する日。軍事機関は半日休み

9 月

★上旬ごろ～10月上旬ごろ
上海観光祭。上海の風俗、文化が見られ、夜のイルミネーションも美しい

10 月

●1日※
国慶節・中秋節。中国の建国記念日。8連休となる。中秋節は年によって日付が変わる
●25日※
重陽節（旧暦9月9日）。菊の節句

11 月

11月になると急激に冷え込んでくる。上旬から中旬は公園や街路樹の紅葉も見ごろを迎えるが、下旬になると初雪が降ることも

12 月

夏

盛夏には35℃前後まで上がることがあり、蒸し暑い。サングラスや帽子の用意を。

秋

9月後半には秋の気配が強まる。10月はさわやかだが長袖の上着を用意しよう。11月になると気温が下がり、セーターが必要となる。

冬

雪はパラつく程度で積もらない。

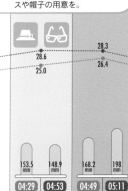

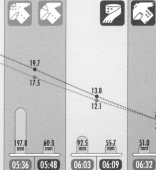

28.6		28.3		24.8							
25.0	26.4		22.8		19.7						
					17.5	13.8					
						12.1		7.6			
								7.6			

153.5 mm	148.9 mm	168.2 mm	198 mm	209.9 mm	112.8 mm	197.8 mm	60.3 mm	92.5 mm	55.7 mm	51.0 mm	36.4 mm
04:29	04:53	04:49	05:11	05:13	05:30	05:36	05:48	06:03	06:09	06:32	06:35
19:01	19:02	18:45	18:50	18:08	18:18	17:25	17:39	16:46	17:05	16:28	16:51

※気温、降水量は気象庁のデータに基づいたもの。日の出、日の入は国立天文台のデータに基づく各月1日の時刻

上海
早わかり

上海一の目抜き通り、南京東路・南京西路をはじめ、租界時代の洋館が並ぶ外灘、明・清代の雰囲気を伝える豫園、おしゃれレストランやショップが集まる新天地は絶対外せないスポット。話題の超高層ビルや東方明珠などがある浦東エリアにも足を伸ばしたい。

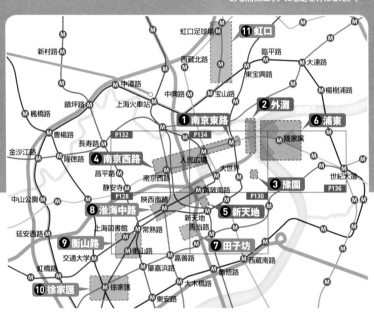

虹口足球場
11 虹口
新村路
西蔵北路
臨平路
M 大連路
鎮坪路
東宝興路
M 楊樹浦路
楓橋路
中興路 M 宝山路
上海火車站
曹楊路
1 南京東路
2 外灘
6 浦東
P132
P134
金沙江路
長寿路
陸家嶼
隆徳路
4 南京西路
人民広場
世紀大道
昌平路
大世界
P136
中山公園
静安寺
南京西路
3 豫園
P128
黄陂南路
P130
延安西路
8 淮海中路
陝西南路
5 新天地
上海図書館
常熟路
新天地
馬当路
9 衡山路
衡山路
7 田子坊
交通大学
嘉善路
西蔵南路
虹橋路
肇嘉浜路
魯班路
10 徐家匯
M 徐家匯
大木橋路
東安路

≫ 上海一の歴史的繁華街

1 南京東路 【ナンジンドンルウ】 → P28

旧イギリス租界の中心部にあたる人民公園から黄浦江沿いの外灘まで続く上海一の目抜き通り。百貨店、老舗料理店、漢方薬や文具の名店などが立ち並び、ネオンが輝く夜景は必見。

アクセス ◎M1・2・8号線 人民広場駅、またはM2・10号線 南京東路駅からすぐ

≫ クラシック＆モダンの融合

2 外灘 【ワイタン】 → P38

別名「バンド」とよばれ、20世紀初頭に建てられた洋館が立ち並ぶ姿は「東洋のパリ」と称された当時の面影を残す。近年は洋館をリノベーションした複合商業施設が次々と誕生。

アクセス ◎M2・10号線 南京東路駅から徒歩7～15分

≫ 活気あふれる上海の浅草

❸ 豫園【ユィユアン】　→ P46

明代に造られた江南式庭園の傑作で上海の代表的観光スポット。庭園の周りには明・清代風の街並みを再現した豫園商城が形成され、老舗の上海料理店や工芸品店、みやげ物店がひしめく。

アクセス 🚇M10号線 豫園駅から徒歩7〜10分

≫ デパートに高級ブランド集結

❹ 南京西路【ナンジンシールウ】　→ P54

人民公園から西へ続く大通り。東側にはホテルやグルメ街、西側には、静安ケリーセンターや久光百貨など高級デパートが立ち並ぶ。

アクセス 🚇M2・12・13号線 南京西路駅からすぐ

≫ おしゃれ上海の代名詞

❺ 新天地【シンティエンティ】　→ P70

租界時代に生まれたレンガ造りの集合住宅、石庫門建築をリノベーションした複合商業スポット。レストラン、バー、雑貨店が立ち並ぶぶ。

アクセス 🚇M1号線 黄陂南路駅、または🚇M10・13号線 新天地駅から徒歩5分

≫ 高層ビルが林立する未来都市

❻ 浦東【プゥドン】　→ P62

東方明珠塔をはじめ、高層建築が林立する近未来的な街並みで知られ、国内外の金融機関、大企業が集まる。中心の陸家嘴エリアには観光名所も多く、外灘の景色とリバービューが見事。

アクセス 🚇M2号線 陸家嘴駅から徒歩5〜20分

＞ 要注目の街をチェック!

❼ 田子坊【ディエンズーファン】　→ P82

上海で最も熱いショッピング＆観光スポットとして注目を集める。

❽ 淮海中路【ホアイハイジョンルウ】　→ P84

南京東路と並ぶメインストリートで、おしゃれな店が並ぶ。

❾ 衡山路【ホンシャンルウ】　→ P86

旧フランス租界の西部を貫く通りで、周辺は高級住宅が集まる

❿ 徐家匯【シュージアフェイ】　→ P88

ローカル御用達のショッピングエリア。観光地とは違った雰囲気。

⓫ 虹口【ホンコウ】　→ P90

旧日本租界。日本家屋が残る。魯迅ゆかりの地としても知られる。

＞ 通貨とレート

2019年12月現在のレートは **1元＝約15.7円**

通貨はユエン（元）。

＞ 時差

日本との時差はマイナス **1時間**

日本より1時間遅い。日本が正午のとき、上海は午前11時、サマータイム制度はない。

SHANGHAI
上海
CHINA

2泊3日の 弾丸モデルプラン

市街の中心部を重点的に巡る、2泊3日の欲ばりプランをご提案。
観光もグルメもショッピングも王道だけを贅沢にピックアップ!

1日目　上海らしさ全開の繁華街へ

09:05 日本発

12:30 上海到着

まずは上海の熱気が一番感じられる
南京東路と外灘から攻めていこう。

ホテルから🚇2・10号線南京東路駅へ

15:00 南京東路から外灘・浦東へ向かう

南京東路の歩行者天国を歩き、洋館建築群が連なる外
灘へ。夕食は対岸にある浦東の
眺望レストランがおすすめ。➡ P40

（徒歩5分）

20:30 黄浦江ナイトクルーズ

外灘と浦東、両岸の夜景を眺め
ながら黄浦江でクルーズ。➡ P15

2日目　上海を代表する名所へ

09:00 豫園を散策

（徒歩すぐ）

池に回廊をめぐらし、伝統的装
飾を随所に施した風雅な名園を
のんびり散策。➡ P48

10:30 豫園商城・上海老街でお買い物

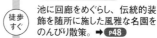

明・清代の街並みを再現したエリアに伝統
工芸品やみやげ物店が軒を連ねる。
いつも大勢の客で賑わう。➡ P50

タクシーで移動

11:30 上海博物館を見学

先史時代の古代遺跡から出土した品々をはじめ、世界的なコレクションを誇る中国屈指の博物館へ。→ P95

徒歩15分

13:30 新天地でランチ

おしゃれな店が集まる複合商業地区で名物グルメを満喫。→ P72

Ⓜ新天地駅から13・9号線でⒶ打浦橋駅へ

15:00 田子坊・路地裏散歩

昔ながらの住宅が並び、約400の個性あふれる店がひしめく話題のスポットへ。→ P82

Ⓜ打浦橋駅から9・2号線でⓂ南京東路駅へ

18:00 名物上海蟹ディナー

自社養殖場をもつ専門店で、新鮮な蟹を堪能する。→ P18

Ⓜ南京東路駅から2・1号線でⓂ上海馬戯場駅へ

19:30 中国伝統の雑技を鑑賞

伝統的な雑技にエンターテイメント性を盛り込んだ、ダイナミックでスリリングな本格派サーカスを楽しもう。→ P94

3日目 最終日はかけこみショッピング

10:00 近くのスーパーでおみやげ探し

バラマキみやげを買うなら、ローカル御用達のスーパーや卸売市場で探そう。→ P92

Ⓜ中山公園駅から2号線でⓂ浦東国際機場駅へ

15:00 上海発

20:30 日本に帰国

《 モダンによみがえった歴史の証人 》

外灘・洋館巡り

バロック、ルネッサンス、アール・デコなど、さまざまな様式で建てられた洋館が立ち並ぶ外灘は、
上海観光のハイライト。外観のほか、複合商業施設やホテルなど内部見学可能な建物も。

N

外灘27号●
中国農業銀行
中国工商銀行
フェアモント・中国銀行
ピース・ホテル●
スウォッチ・アート・ピース・ホテル
←M 外灘18号
南京東路駅へ AIA
招商銀行
中国外匯交易中心
外灘公共服務中心
上海市航運交易
———— 上海海関

———— 中山東一路

———— 上海浦東発展銀行
夏姿・陳旗艦店 ●
バンコク銀行
● 外灘6号
● 外灘5号
● 外灘3号
ウォルドーフ・
アストリア上海
オン・ザ・バンド

黄

浦

江

外灘〇〇号とは何？

洋館の"外灘3号""外灘5号"といった名称は、建物の住所に由来
している（※現在の住所と番号がずれるものもある）。いつしか慣用
的に住所でよばれるようになったビルも多い。リノベーションの際、
正式名称を変更したものもある。

↓優美なシルエットの外観

外灘3号　1916年築

MAP P41A4

外灘3号 ワイタンサンハオ

尖塔が印象的なネオ・バロック
様式の建物は、旧ユニオン・ア
シュアランス・ビル。歴史ある建
築物を蘇らせる外灘の再開発
プロジェクトの先駆けとして、
2004年にオープンした。1階
にブティック、2〜7階にレスト
ランが入っている。

DATA ⊗M2・10号線南京東路駅か
ら徒歩15分⊕中山東一路3号

外灘再開発の先駆け的存在

〔 館内の施設 〕

黄浦会（P40）、ジャン・ジョルジュ（P40）

高層階からの眺めは最高

↑入口は広東路沿いにある

外灘5号 `1925年築`

MAP P41A4
外灘5号 ワイタンウーハオ

かつて日清汽船の支店だった旧日清大楼。上層階のレストランは、居並ぶ外灘の建築群や、真向いに浦東を望む絶好のビュースポットに。外灘4号に建物は存在せず、外灘3号とは道を挟んで隣になる。

DATA 🚇M2・10号線南京東路駅から徒歩15分 🏠広東路20号

館内の施設
エム・オン・ザ・バンド（P41）

フェアモント・ピース・ホテル

MAP P41A2 `1929年築`
上海费尔蒙和平饭店
シャンハイフェイアルモンフーピンファンディエン

旧サッスーン・ハウス。外灘20号ともよばれる。アール・デコ調の意匠がすばらしい重厚感ある館内の趣は、20世紀初頭の建築当時のまま。1階のジャズ・バーはオールド上海ジャズバンドの演奏で有名。　**DATA** P104

老舗クラシックホテル

↑1929年に建てられた上海初の高層建築

館内の施設

ジャスミン・ラウンジ

Jasmine Lounge `1階`

フェアモント・ピース・ホテルのロビーフロアにあるラウンジ。アフタヌーンティーは14〜18時。

DATA ☎021-6138-6886（代）🕙10時〜23時30分 🈺なし 英ス 英メ

➡英国スタイルのアフタヌーンティー298元/1人（＋15％。写真は2人分）

➡威風堂々たるエントランス

ラグジュアリーな空間

DATA 🚇M2・10号線南京東路駅から徒歩8分 🏠中山東一路27号

館内の施設

スカイ・レストラン Sky Restaurant

色戒餐庁 ソージエツァンティン `8階`

1920年築の洋館を改装した外灘27号「羅斯福」の8階にあるレストラン。東方明珠を正面に望む好立地で、9階にはスカイ・バーを併設。

DATA ☎021-2322-0800（代）🕙11時30分〜22時30分（バーは20時〜翌2時）🈺なし 英ス 英メ

↑併設のスカイ・バーでアフタヌーンティー

外灘27号 `1922年築`

MAP P41A2
外灘27号 ワイタンアルシーチーハオ

アメリカの名家・ルーズベルト家がプロデュースしており、またの名を「House of Roosevelt（羅斯福）」。レストランや美術館やブライダル用の宴会場、中医学の診療所なども入っている。

➡ランチコース298元〜

外灘6号 `1897年築`

MAP P41A4
外灘6号 ワイタンリウハオ

中国通商銀行として利用された建物。童話の世界を思わせる外観だが、館内は抑えめのライトで照らされたシックな雰囲気。上層階までフロアを貫く煌びやかなシャンデリアが迫力だ。

DATA 🚇M2・10号線南京東路駅から徒歩15分 🏠中山東一路6号

↓外灘の建築群のなかでも最も古い建物のひとつ

特徴的なとんがり屋根

上海のマストスポット

(ランドマークからの大絶景に感動!)

浦東4大タワーに上ろう!

浦東のシンボルである4大高層タワーは、
それぞれ絶景自慢の展望台をもつ人気観光スポット。
遥か彼方まで一望できる、上海の大パノラマを楽しもう。

546m ビュー

↑鳥瞰図のような眺め。大都市を地平線まで見渡せる

中国No.1の展望台で、絶景空中散歩を楽しむ
上海タワー (上海中心大厦)

上海中心大厦 シャンハイジョンシンダーシア MAP P64C3

高さ632mという世界第2位の高さを誇る超高層ビル。118階の展望台は「上海之巓」と呼ばれており、眼下には360度のパノラマが広がる。秒速18mで上昇する高速エレベーターもぜひ体験したい。

DATA 交2号線陸家嘴駅から徒歩10分 住陸家嘴環路479号 ☎021-2065-6999 時8時30分～22時 休なし 料180元

↑エントランスにある世界の高層建築を紹介するコーナー

↑展望フロアは足元までガラス張りでゆったりとした空間

その他の施設

大食代 P67
地下2階にある大型フードコート。種類豊富な点心からアジア料理、和食まで揃う。

トップ・オブ シャンハイ・ストア P67
タワーのオリジナルグッズや菓子、雑貨など上海みやげが揃うギフトショップ。

340m
ビュー

⬆展望台からは東方明珠を正面に、黄浦江、外灘まで見渡せる
➡さまざまな色に変化する東方明珠と外灘の夜景が美しい

金茂大厦
金茂大厦 ジンマオダーシア
MAP P64C3

高さ420.5m、地上88階建ての超高層ビルで、独特なフォルムのビルが、浦東のランドマーク的な存在にもなっている。地下にある入口から88階の展望台へは、超高速エレベーターでわずか45秒。

DATA 🚇M2号線陸家嘴駅から徒歩5分 🏠世紀大道88号 ☎021-5047-5001（展望台）⏰8時30分～22時 🈳なし 💰120元

その他の施設
クラウド9 ➡P67
グランド・ハイアット・ホテルの87階にある展望バー。ホテル側の入口からエレベーターを乗り継いで。

263m
ビュー

⬆外灘を眺めるなら高さ263mの上球体からがおすすめ
➡夜はSF都市のような高層ビルの夜景が広がる

東方明珠
東方明珠 ドンファンミンジュー
MAP P64A1

浦東エリアの開発に先駆け、1995年に完成した高さ468mのテレビ塔。3つの球を串刺しにしたような外観がユニークで、高さ90m、263m、350mの3カ所に展望台がある。

DATA 🚇M2号線陸家嘴駅から徒歩3分 🏠世紀大道1号 ☎021-5879-1888 ⏰8時30分～21時30分 🈳なし 💰嶺峰票220元（太空艙・上球体・下球体・上海城市歴史発展陳列館）、単層票160元（上球体・下球体・上海城市歴史発展陳列館）

その他の施設
上海城市歴史発展陳列館 ➡P65
地下1階にあり、精巧な模型や人形、写真資料などで上海の近代史を紹介。展望台とのセット券で入場するのが一般的。

⬆ビルのほぼ最上部に展望施設をもつ高層タワー
⬇展望フロアからの絶景。床がガラス張りの部分もある

474m
ビュー

上海ワールド・フィナンシャル・センター
Shanghai World Financial Center
上海环球金融中心
シャンハイホアンチウジンロンジョンシン **MAP** P65C3

2008年8月にオープンした地上101階建て、高さ492mという超高層ビルで、開発・管理は日本の森ビル。アート展の開催も多く、下層階には人気レストランが多数入っている。

DATA 🚇M2号線陸家嘴駅から徒歩10分 🏠世紀大道100号 ☎021-5878-0101（展望台）⏰8～23時（入場は～22時）🈳なし 💰120元（94階）、180元（94・97・100階）、身長140cm以下の子どもは各60、90元、100cm以下は無料

その他の施設
パークハイアット上海 ➡P106
79～93階に位置するホテル。
100センチュリー・アヴェニュー ➡P67
和洋中が楽しめるダイニング。
俏江南SWFC店 ➡P66
本格派の四川料理レストラン。

歴史ある洋館が暗闇に浮かび、タイムスリップしたかのような感覚に

（ロマンティックに光輝く街へ）

シャンハイ 夜景鑑賞

上海の街が本当の美しさを見せるのは、日が暮れて暗くなってから。黄浦江を挟んで外灘と浦東が見せるコントラストは、上海観光のハイライトだ。

シチュエーション…1
外灘で楽しむ

ずらりと並ぶ洋館がライトアップされ、幻想的な風景に。川沿いに遊歩道が整備されており、散策もしやすい。洋館内のルーフトップバーやテラス席から楽しむのもおすすめ。

ここがポイント

その1 ライトアップの時間は？

黄浦江沿いのライトアップは季節にもよるが、始まるのは日没後の暗くなってから。通常22時ごろに終了。

その2 注意することは？

上海は治安が良いほうだが、スリや置き引きには十分な注意を。大気汚染がひどい時には空が霞んでしまうこともある。事前に確認を。

URL http://aqicn.org（世界大気質プロジェクト）

↑対岸に広がるSF映画を思わせる浦東の街並みは、これぞ上海という風景

➡朝から多くの人が訪れる遊歩道だが、ライトアップの時間は特に賑わう

シチュエーション…2

黄浦江クルーズで楽しむ

洋館群がライトアップされる外灘と、未来都市のような浦東の夜景を船上から眺められる黄浦江クルーズ。外灘の南側にある十六舗埠頭などで各社のクルーズ船が発着しており、所要時間や運賃はコースや席により異なる。

↑ゴージャスな外灘のライトアップを遊覧船から一望 ↓高層ビル群が光り輝くSF映画のような浦東の夜景

ツアーで体験！

上海ナイトツアー 黄浦江遊覧

集合場所から送迎車で乗船所へ移動。約50分の黄浦江クルーズを楽しんだ後、送迎車で集合場所へ。

料金	430元〜
時間	19時〜21時30分
所要	約2時間30分（乗船時間50分）
最小催行人数	2名
集合場所	Hオークラガーデンホテル上海（→P105）1階ロビー
申込先	マイバスデスク（→P103）
URL	www.jtb.cn

シチュエーション…3

浦東で楽しむ

上海タワー（→P12）の展望台など、高所からの光景は浦東ならではのもの。浦東側も川沿いは遊歩道となっているので、輝く洋館が川面に映る光景を楽しむのもおすすめ。

↑上海ワールド・フィナンシャル・センター（→P13）からの眺め

↑川沿いには屋台やカフェなども見つかる

シチュエーション…4

もっと探そう！夜景ポイント

大本命の外灘と浦東の川沿い夜景を満喫したあとは、夜の上海を探検して、自分だけのお気に入りを見つけよう。

南京東路

色とりどりの看板のネオンが輝く。これも上海を象徴する風景

淮海中路

現代的な街並みが賑やかにライトアップされる

豫園

中国建築が闇夜に浮かび上がり、異国情緒に満ちている。レストランなどは9時ころには閉まりだす

「BAR MIXATO」(2階)のカウンターでは、上海限定カクテルを楽しめる

〈 見逃したくない! 最新の上海 〉

話題の ニュースポット

「世界で唯一」のショップや施設が増加中の上海。国内だけでなく、各国からの旅行者を引きつけている旬のスポットをまとめてみた。上海の今を感じとろう。

南京西路 　　　　　　　　　**MAP P56C1**

スターバックス リザーブ ロースタリー上海

Starbucks Reserve Roastery
星巴克臻选上海烘焙工坊
シンバークーチェンシュエンシャンハイホンベイゴンファン

2017年末にオープンした世界最大規模のスターバックス。2階建ての店内には焙煎工房のほかベーカリー、スイーツ、ハンドリップコーヒー、お茶、バーなどのカウンターがあり、好きな場所でくつろげる。

DATA 🚇M2・12・13号線南京西路駅から徒歩1分 📍南京西路789号 ☎400-8206-998 🕐7〜23時(金・土曜〜24時) 🈳なし
英文 英メ

↑ローストされるコーヒーを眺めながら休憩

→モール「興業太古匯」の敷地内にある

工場みたいな巨大店舗

STARBUCKS RESERVE ROASTERY

ドリンクcheck!

干し梅と黄酒風味のカクテル「弄堂晩風」 62元

ジャスミンティーのカクテル「百里桃桃」 108元

おみやげcheck!

↑上海市の花・モクレンをあしらったカップ 299元

↓上海のロゴが入ったラゲッジタグ 269元

↑ベンティサイズのオリジナルタンブラー 359元

↑中東風のエキゾチックな建築デザインが印象的なプール。タイルのモザイクなどは当時のまま

SNS映えのプールが話題

南京西路　MAP P126B2

コロンビア・サークル

COLUMBIA CIRCLE
上生・新所　シャンション・シンスオ

約70年封鎖されていた上海生物製品研究所の跡地をリノベーション。元は上海に暮らす欧米人たちのレジャースポットとして戦前に建てられたもので、1924年竣工の海軍倶楽部のプールが今も残っている。

DATA 🚇M3、4号線延安西路駅から徒歩15分　📍延安西路1262号　☎🕐🈺施設により異なる

注目の飲食店

インクウッド
INKWOOD

北京出身の有名シェフ・北川氏によるユニークな料理が話題。調味料からベーコンまで、すべて手作りだそう。

↑海鮮と煮卵をリンゴの木でスモークした苹果木冷燻拼盤90元

DATA ☎021-8018-3357　🕐18〜23時（土・日曜11〜23時）🈺月曜　英ス　英メ

シーソー・コーヒー
Seesaw Coffee

雲南、コスタリカ、ルワンダなどの自家焙煎コーヒーをハンドドリップで提供。地元のコーヒー通たちが通う。

↑一流バリスタが在籍。日本のバリスタとの交流イベントも開催するそう

DATA ☎021-5258-7710　🕐9時30分〜20時　🈺なし　英ス　英メ

西岸　MAP P127C3

タンク・シャンハイ

TANK Shanghai
油罐艺术中心　ヨウグワンイーシュウジョンシン

旧龍華空港跡地の航空機用燃油タンク5基を再利用している複合美術館。各国のアーティストによる大型展を開催。どれもタンクの形状を生かした展示がユニーク。屋外は公園として開放している。

DATA 🚇M11号線雲錦路駅から徒歩7分　📍龍騰大道2350号　☎021-6950-0005　🕐12〜18時　🈺月曜　🈺展示により異なる　英ス

巨大燃油タンクが美術館に！

↑黄浦江沿いのアートスペース。敷地の広さは約6万㎡。企画展によっては大行列ができることもある

西岸　MAP P127C3

西岸美術館

西岸美术馆
シーアンメイシュウグワン

パリのポンピドゥーセンターによる世界初のアジア別館（提携は2024年まで）。ピカソ、シャガールなど貴重な作品が多数。館内には本格的なフレンチレストランもある。

DATA 🚇M11号線雲錦路駅から徒歩8分　📍龍騰大道2600号　☎なし　🕐10〜17時　🈺月曜　英ス

http://www.wbmshanghai.com

期間限定のアートの殿堂

↑建物はディヴィット・チッパーフィールドが設計

◀自由に座って撮影できるフォトスポットがいっぱい

ハローキティたちと昔の上海へ

南京東路　MAP P134A2

世茂ハローキティ
上海灘時光之旅

世茂Hallo kitty上海滩时光之旅
シーマオハローキティ
シャンハイタンシーグワンチーリュウ

サンリオと提携のもと作られたテーマパーク。1930年代の街並みや80年代の小学校などを散策しながら、レトロな上海が体験できる。

DATA 🚇M1・2・8号線人民広場駅から徒歩3分　📍南京東路829号世茂広場（→P36）6-8階　☎021-6330-1256　🕐9時30分〜21時30分　🈺なし

必食！上海グルメ

伝統とモダンが競演する本場の味

上海に行ったら一度は食べたい絶品グルメ、上海蟹と小籠包の名店をご紹介。上海蟹の店は秋〜冬は予約がベター。

清水大閘蟹 時価
素材のおいしさが堪能できる定番の茹で上海蟹

蟹粉烩豆腐 68元
蟹ミソや卵をたっぷりと使った豆腐の煮込み料理

蟹黄明蝦巻 148元
プリプリのクルマエビに濃厚な蟹ミソを絡めた逸品

江南に秋を呼ぶ風物詩

上海蟹

大閘蟹 ダージャーシエ

シーズンには多くのレストランに登場する上海の代表的な美食。自社養殖場をもつ専門店では、一年を通して新鮮な蟹が堪能できる。

上海蟹とは
イワガニ科に属する淡水蟹で、体長は8〜10cm程度。上海では秋〜冬の風物詩として親しまれている。雌は卵をたくさん抱える10月、雄は蟹ミソが詰まった11月が一番の食べごろに。

南京東路周辺　MAP P134B2

王宝和酒家

王宝和酒家　ワンバオフージウジア

1744年に創業した上海随一の老舗。名産地として知られる陽澄湖に自社養殖場をもち、年間を通して質の高い蟹が味わえる。9月下旬〜2月ごろは満席が多いので予約がベター。**DATA** P33

270年の歴史を誇る老舗

秘製特色蟹 80元
上海蟹を紹興酒漬けにした通称酔っ払い蟹

南京東路周辺　MAP P32B1

新光酒家

新光酒家　シングアンジウジア

陽澄湖産の厳選された蟹に定評があり、香港の映画スターをはじめ各界の著名人が訪れる隠れた名店。数種類の蟹料理が味わえるコース950元（2人分）がおすすめ。**DATA** P33

著名人がお忍びで来店

清炒蟹粉 380元（大）
蟹肉に蟹ミソを絡めてさっと炒めた定番の味

上海蟹の食べ方

1 尻尾をはがす

まずは手足を取り外し、裏返してフンドシ状の部分を上から下へはがす

2 甲羅を外す

お尻側から甲羅を外し、左右にある灰色の部分（ガニ）を取り除く

3 ミソ・卵を食べる

専用の食器を使って、雄なら甲羅に詰まったミソ、雌なら卵を食べる

4 蟹肉を食べる

胴体や足、爪を外して、中から蟹肉を取り出し、黒酢をつけて食べる

清蒸大闸蟹　時価
きっしりと身が詰まった極上の蟹を丸ごと味わう

蟹粉小菜心　80元
炒めたチンゲン菜に蟹ミソをのせた味わい深い一品

南京東路周辺　MAP P30C2

南京東路の老舗レストラン

上海餐廳
上海餐厅 シャンハイツァンティン

王宝和大酒店の2階にある1744年創業の上海料理店。上海で知らない人はいないというほどの有名店で、陽澄湖に自社養殖場をもち、質の高い蟹を提供している。シーズンは予約必至。DATA P31

南京東路周辺　MAP P33E2

成隆行蟹王府
成隆行蟹王府
チョンロンハンシエワンフー

香港の老舗蟹専売店が経営する上海蟹の専門店で、太湖の自社養殖場で育てた蟹が自慢。店内は明清代をイメージしたレトロな空間で、夜には伝統音楽の演奏も行われる。
DATA P32

明清調のインテリアも◎

清炒蟹粉　458元
上海蟹のミソと卵で脚肉を炒めた代表的な料理

蟹皇大排翅　498元
濃厚な蟹ミソ入りスープでフカヒレを煮込んだ一品

蟹黄金　360元
麺の上に蟹の卵（雌）がふんだんにのせられている

虹橋周辺　MAP P126B2

蟹家大院
蟹家大院 シエジアダーユアン

上海蟹を使った麺料理の専門店。旬の食材を独自の方法で保存し、一年中味わえるのが人気の秘密。とくに上海蟹には定評があり、蟹肉肉、蟹黄金など独創的なメニューが揃う。木製のインテリアもおしゃれ。

DATA 交Ｍ3・4・10号線虹橋路駅から徒歩8分住凱旋路1360号☎021-5230-0008時11〜21時休なし英文

モダンチャイナな美食空間

蟹肉肉　72元
蟹の足肉がたっぷりとかけられた濃厚な味

必食！上海グルメ

ローカル感満点
下町の逸品小籠包

新天地 MAP P130B2
麟籠坊
麟笼坊 リンロンファン

地元上海の常連客に愛されている小籠包専門店。薄皮のなかにジューシーな肉汁がたっぷり詰まった、スタンダードな上海式小籠包を味わうことができる。特に上海蟹を使ったものが人気で、このためだけに遠方から通う人もいるとか。**DATA P76**

純鮮肉小籠 18元（12個）
皮からその場で手作りし、蒸したてを提供（待ち時間約10分）。薄皮のなかで肉汁がはじける

小籠包とは
上海の西郊外にある南翔鎮が発祥とされる名物小吃（軽食）。小麦粉を練って広げた薄皮で、豚挽肉をベースにした肉餡とスープを包み、セイロでアツアツに蒸してから味わう。

純蟹粉小籠 99元（10個）
2段重ねで提供。蟹みそだけを包んだ贅沢な小籠包。口いっぱいに蟹みそその風味が広がる

コレも人気！
紫菜蛋皮湯 6元
布海苔と卵のスープ。あっさりした味なので濃厚な蟹みそ小籠包に合う

上海発祥の人気グルメ
小籠包
小笼包 シアオロンバオ

薄いのにモッチリとした皮に、アツアツでジューシーなスープとあんが包まれた、上海の代表的な小吃。ローカル系の人気店から超老舗、台湾系の有名チェーンまで選択肢もいろいろ。

南京西路周辺 MAP P57F1
佳家湯包
佳家汤包 ジアジアタンバオ

ローカルに人気の実力派

約30年前に小さな店からスタートし、現在は市内6店舗を構える繁盛店に成長。包みたて、蒸したてをモットーにしており、薄くてモチモチした皮の小籠包が人気を集めている。**DATA** 交 Ⓜ1・2・8号線人民広場駅から徒歩5分 佳 黄河路90号 ☎021-6327-6878 時7時30分〜20時 休なし

純鮮肉湯包 15元（12個）
透けるほど薄い皮にジューシーなスープがたっぷり

コレも人気！
純蟹粉湯包 99元（12個）
蟹のミソと肉を包んだ大き目小籠包。6個×2セイロ

小籠包の食べ方

1 タレを作る
刻みショウガに黒酢、醤油をお好みの割合で加えてタレを作る

2 穴を開ける
箸や歯で小籠包の皮に穴を開け、中からアツアツのスープを出す

3 スープを飲む
舌をやけどしないよう注意してスープを飲み、小籠包をタレにつける

4 小籠包を食べる
レンゲにのせた小籠包にお好みで刻みショウガをのせてから食べる

カラフル小籠包が狙い目

皇朝小籠包 78元(8個)
8種類の小籠包がすべて味わえる人気メニュー

コレも人気!
四川抄手拌麺 42元
手打ち麺にピリ辛ダレとエビ入りワンタン

浦東　　MAP P64B2
楽忻皇朝
乐忻皇朝 ユエシンホアンチャオ

黒トリュフやフォアグラ、朝鮮人参、チーズ入りなどバラエティ豊かな小籠包で話題を集める、シンガポール系の中国料理レストラン。麺類や一品料理なども本格派揃いだ。

DATA 🚇M2号線陸家嘴駅から徒歩3分 🏠世紀大道8号ifcモール3階 ☎021-5834-2291 🕐11時〜21時30分(土・日曜は10時30分〜) 休なし 英✕

豫園　　MAP P51B2
南翔饅頭店
南翔馒头店 ナンシアンマントウディエン

創業100年の名店

小籠包発祥の地、南翔鎮に起源をもつ老舗。観光名所の豫園に店を構え、テーブルオーダーでゆっくりくつろげる。テイクアウト窓口は別棟にある。
DATA P52

蟹粉小籠 25元(12個)
これをテイクアウト用の容器に入れてくれる。店内オーダー用は6個入り

コレも人気!
伝統鮮肉小籠饅頭 40元(6個)
濃厚な蟹ミソと蟹肉がたっぷり入った特製の小籠包

焼き小籠包ならコチラ

南京西路　　MAP P56C2
小楊生煎
小杨生煎 シアオヤンシェンジェン

上海名物の生煎とは、厚めの皮で豚ひき肉団とスープを包み、鉄板で蒸し焼きにした焼き小籠包。小楊生煎は市内各所に支店をもつ有名店で、生煎のほかスープ類も豊富だ。

DATA 🚇M2・12・13号線南京西路駅から徒歩1分 🏠呉江路269号2階 ☎021-6136-1391 🕐10〜22時 休なし 英✕

生煎 8元(4個)
カリカリの香ばしい皮にアツアツの豚肉館入り

コレも人気!

油豆腐牛肉粉絲湯 10元
油揚げ、牛肉、粉絲(春雨)入りカレー味スープ

必食！
上海グルメ

今旬の
人気店を直撃!

ネオ上海ダイニング

過去と未来が交錯する街、上海には世界のグルメを
満足させる洗練されたレストランがいっぱい。
極上の雰囲気に包まれ、美食の数々を味わい尽くそう。

ロンドン発の
モダン広東料理

外灘　**MAP** P41A2

ハッカサン　Hakkasan

欧米各地に支店を展開するロンドン発のダイニングが
上海に登場。料理は広東料理をベースにアレンジさ
れたモダンチャイニーズで、外灘ならではのクラシカル
な雰囲気と窓からの眺望も魅力だ。

【DATA】交 Ⓜ2・10号線南京東路駅から徒歩7分 住中山
東一路18号5階 ☎021-6321-5888 営17時30分
〜24時30分（金〜日曜は〜翌2時、土・日曜はブラン
チ11〜15時あり）休なし 英メ 英メ
❶エレガントな雰囲気のインテリア ❷店内奥にはバーカウンターもある
❸黒松露和牛沙律（和牛サラダ）228元 ❹ローストダックにキャビアを
添えた魚子醤片皮鴨は半羽688元〜

❶

異国情緒あふれる
西域の味

淮海中路周辺　**MAP** P128B1

シーボー　Xibo

錫伯新疆餐庁 シーボーシンジャンツァンティン

新疆ウイグル族自治区の少数民族・シーボー族の伝統料理
が味わえるレストラン。料理には基本的に豚肉不使用で、
多彩なスパイスで味付けされたエスニックな味わいに外国
人のファンも多い。新疆黒ビール30元やカクテル45元〜
など酒類も豊富。

【DATA】交 Ⓜ1・7号線常熟路駅から徒歩10分 住常熟路83
号3階 ☎021-5403-8330 営12時〜14時30分、17時
30分〜22時30分 休なし 英メ 英メ

❶エスニックな新疆
料理が豊富に揃って
いる ❷NYのデザイ
ナーが手掛けたお洒
落な空間。週末や夜
は予約がベター ❸テ
ラス席は都会のエア
ポケットといった趣

浦東　`MAP P64B2`

イソラ Isola

東方明珠の眺めと極上イタリアン

ミシュランの星獲得レストランで経験を積んだイタリア人シェフによる本格派のイタリアンが人気。ランチは198元～で、メインを一品チョイスして、前菜とデザートは食べ放題（土・日曜は228元）。

DATA 🚇Ⓜ2号線陸家嘴駅から徒歩すぐ🏠世紀大道8号上海国金中心商場L4- 17舗☎021-5012-1277🕐11時30分～22時Ⓧなし 英メ

❶手打ちパスタのストロッツァプレティ158元
❷メインは魚介や牛肉のグリル料理が中心
❸大きな窓からは東方明珠塔を間近に望む

外灘　`MAP P41A4`

ラグジュアリーな高級ホテルで一流の料理を

蔚景閣
蔚景閣 ウェイジングー

内装は上海らしいアンティークな雰囲気。メインフロアのほか歴代王朝の名を冠した5つの個室からなる。香港出身の名シェフが料理長を務め、伝統的な広東料理や上海料理、淮揚料理など洗練された料理の数々が味わえる。

DATA 🚇Ⓜ2・10号線 南京東路駅から徒歩12分🏨Ⓗウォルドーフ・アストリア上海オン・ザ・バンド（→P104）5階 ☎021-6322-9988🕐11時30分～14時30分LO、17時30分～22時30分LOⓍなし 英メ 英ス
❶エビとパイナップルを酢豚風のタレで絡めた鮮果咕嚕明蝦球158元 ❷上海らしい黒レンガの壁と木組みのシックな空間 ❸滬式豆干紅焼肉128元。豚ばら肉の上海風角煮、干し豆腐入り

淮海中路　`MAP P129D1`

リッチに創作広東キュイジーヌ

晶翠庭
晶翠庭 ジンツェイティン

中国だけでなく世界各国から吟味した食材を求め、高級海鮮料理から創作広東キュイジーヌまで幅広いメニューを提供するレストラン。ヘルシーで洗練された味わいと、西洋料理のような美しい盛り付けで、目も舌も同時に楽しませてくれる。

DATA 🚇Ⓜ13号線 淮海中路駅から徒歩1分🏠長楽路161号新錦江大酒店3階☎021-6472-3777🕐10時30分～14時30分、17時～21時30分Ⓧなし 英ス 日メ 英メ

❶高級感のあるシックなインテリア ❷阿拉斯加帝王蟹（時価）。アラスカの深海でとれたタラバガニ500gを焼いて味付けしたぜいたくな一品 ❸清炒水晶蝦仁98元。野生の川エビをあっさり塩炒めにし黒酢で味わう

必食！上海グルメ

拆骨八宝鴨 **これが名物**
188元
アヒルに鶏肉やタケノコなど8種の具を詰めて蒸した料理

老舗からモダン系まで
名店の上海料理

地元で根強い人気を誇る名店を、代表的な名物料理とともにご紹介！食べたいものに迷ったら、迷わずこちらをチョイス！

圓苑紅焼肉 **これが名物**
98元
豚バラ肉を醤油ベースのタレで煮込んだ上海料理の代名詞。煮玉子1つ3元

厳かな雰囲気の元修道院

徐家匯 **MAP P89B2**

上海老站
上海老站 シャンハイラオジャン

1921年築の元修道院を改装したレストラン。庭には西太后や宋慶齢ゆかりの鉄道車両が2両置かれ、個室として利用されている。料理は正統派の上海料理で、8つのメニューが上海名菜に指定されている。**DATA P88**

❶大きな窓がある明るい店内 ❷清炒河蝦仁218元。16もの工程を経て仕上げた川エビの塩炒め

新上海料理の代表的な名店

衡山路周辺 **MAP P126B2**

圓苑 興国店
圓苑 興国店 ユアンユアン シングオディエン

1930年代ごろの家庭料理をベースに現代風にアレンジした新上海料理の有名店。化学調味料は一切使わずに、油や砂糖も極力控えたヘルシーかつ旨みあふれる料理で幅広い層に人気だ。

DATA 交Ⓜ10・11号線交通大学駅から徒歩8分 住興国路201号 ☎021-6433-9123 時11～22時 休なし 英メ 英メ

❶蟹粉河蝦仁178元。川エビのむき身を炒めて上海蟹のミソと和えた一皿 ❷煙肉龍豆49元。コリコリした歯ごたえの龍豆とベーコンの炒め物 ❸クラシックで落ち着いた雰囲気

南京西路周辺 MAP P126B2

1221
ーニニー イーアルアルイー

延安西路沿いの奥まった場所に立つ隠れ家的なレストランで、家庭的な料理とアットホームなサービスで上海在住の日本人に高い人気を誇る。上海風チャーハンの咸肉菜飯58元、蟹粉豆腐168元など。

DATA 交Ⓜ2・11号線江蘇路駅から車で5分 住延安西路1221号 ☎021-6213-6585 時11～23時 休なし 日メ 英ス 英メ

❶ BGMが心地よいおしゃれな店内 ❷西蘭花炒帯子160元。肉厚の大きなホタテとブロッコリーの塩炒め

日本人ファンの多い隠れ家

鴛鴦蝦球 98元 **これが名物**
大正エビのむき身。甘辛い醤油風味と塩ニンニク炒めの2種盛り

地元客で大賑わいの正統派

淮海中路 MAP P85D1

光明村大酒家
光明邨大酒家 グアンミンツンダージウジア

70年以上の歴史をもち、上海でも数少ない国家一級酒家に指定される名店。上海・江南地方の伝統的な料理を中心に、広東・四川料理まで幅広いメニューが揃っている。**DATA** P84

特色醤鴨 26元 **これが名物**
アヒルの皮を醤油で甘辛く煮込んだ伝統的な上海冷菜の一品

❶高級感のある店内 ❷松鼠桂魚 時価(150元前後)。カリッと姿揚げにした桂魚の唐揚げ甘酢あんかけ ❸蟹粉生煎10元。上海蟹のミソと肉を加えた名物の焼き小籠包

浦東 MAP P126A1

迷上海
迷上海 ミーシャンハイ

スタイリッシュな空間で、本場ならではの上海料理をメインに広東や四川など中国各地の料理も楽しめる。

DATA 交Ⓜ7号線花木路駅から徒歩1分 Ⓗジュメイラ上海 ヒマラヤホテル(→P106)6階 ☎021-3858-0760 時11時30分 ～14時30分、17時30～22時30分 休なし 英ス 英メ

❶おしゃれなインテリアにも注目 ❷毛豆毛蟹158元(蟹2匹)。上海蟹と枝豆を炒めた上海では定番の一品

伝統の味を華麗にアレンジ

蟹粉豆腐 68元 **これが名物**
上海蟹と豆腐のとろみ炒め。濃厚な蟹の風味が絶品

火鍋

火鍋 フオグオ

**ワイワイ楽しむなら
中国式しゃぶしゃぶ!**

羊肉や野菜、海鮮など多種多彩な具材をスープにくぐらせ味わう中国式のしゃぶしゃぶ。栄養満点なので旅先でのパワーチャージにおすすめ!

▼餃子盛合せ42元…3種類の餃子の盛合せ。食べ比べてみよう

▼キノコ盛合せ59元…栄養豊富で低カロリーなキノコの盛合せ

具材 Check!

▲霜降牛肉169元…サシが入った特上霜降り牛肉のスライス

鴛鴦鍋Ⓐ
198元 アイスクリーム豆腐鍋(奥)と不老長寿スパイシー鍋(手前)。単品だと各168元

具材 Check!

▲一品太陽巻羊肉65元…クルッと丸めた上質な羊肉のスライス

工芸景泰藍火鍋Ⓑ
28元(中) 七宝焼の鍋には干しエビやキノコでダシをとった極濃のスープ

海南椰子鶏鍋Ⓒ
28元 ほろほろにほぐれるまで煮込まれた骨付地鶏の鍋。だしのうま味を楽しみたい。セットでココナッツが付く

◀美国黒安格斯牛肉拼盤168元…自然放牧の黒毛アンガス牛。リブロース、サーロインなど部位別の盛り合わせ

具材 Check!

衡山路周辺 **MAP P87B1**

Ⓐ 無老鍋
无老锅
ウーラオグオ

ユニークな薬膳鍋
中国古来の「養生」のコンセプトで作られる薬膳鍋の店。おすすめはアイスクリーム豆腐鍋。アイスクリームのような食感の豆腐が人気。
DATA 🚇Ⓜ1号線衡山路駅から徒歩10分 🏠衡山路2号 ☎021-5456-1489🕐11時～翌2時🈳なし
英ス 日メ 英メ

中山公園周辺 **MAP P126B2**

Ⓑ 皇城根
皇城根
ホアンチョンゲン

羊肉しゃぶしゃぶの有名店
1903年に創業した北京の超有名店。煙突のついた独特の鍋に入ったスープで、内モンゴル産の羊肉スライスをしゃぶしゃぶして味わおう。
DATA 🚇Ⓜ2・3・4号線中山公園駅から徒歩10分 🏠宣化路300号4階 ☎021-6277-1517🕐11～22時🈳なし

衡山路 **MAP P87B2**

Ⓒ 斉民市集
齐民市集
チーミンシージー

こだわり素材を鍋で
一人一鍋スタイルのヘルシーな火鍋が人気。季節ごとに旬の具を取り揃えている。カウンター席もあり、女性一人旅でも使いやすい。
DATA 🚇Ⓜ1号線 衡山路駅から徒歩1分🏠衡山路191号3楼「永利里」☎021-6466-5912🕐11～14時、17～24時(土・日・祝日は11～24時)🈳なし 英ス 英メ

麺
面 ミエン

バラエティ豊かな
本場のヌードル

お好みの具をかけて味わう蘇州麺をはじめ、上海には独自のスタイルで人気を集める麺がいっぱい。ローカル気分で本場の麺を楽しんでいこう。

蟹粉蝦仁麺Ⓐ
38元　上海蟹のミソと肉を炒めた蟹粉をたっぷりかけて味わう。むきエビ入り

醇香排肉麺Ⓐ
32元　具は甘酸っぱいタレで煮込んだ骨付きポークリブの角煮

黄魚麺Ⓑ
30元　あっさりした白身魚を手早く炒めて麺の上に

大腸麺Ⓑ
30元　じっくり煮込んだ豚モツがたっぷりと

野生小黄魚煨麺Ⓒ
37元　濃厚スープに黄魚(イシモチ)がのっている。本格的な上海麺が人気

陸家浜路周辺　MAP P131C3

Ⓐ 呉越人家
呉越人家
ウーユエレンジア

蘇州麺といえばココ

市内各所に支店をもつ蘇州麺の人気チェーン。麺は34種類あり、毎朝5時から仕込む秘伝のスープが決め手。上海風の炒麺やワンタンも。

DATA 交Ⓜ4・8号線西蔵南路駅から徒歩5分 住制造局路640号 ☎021-6313-8391 時9〜21時 休なし

淮海中路周辺　MAP P129D1

Ⓑ 阿娘麺
阿娘面
アーニアンミエン

地元っ子で大賑わい

創業者の阿娘ばあちゃんから受け継いだ伝統の味が根強い人気。自家製ブレンドの醤油をベースにしたスープと特注の麺が絶妙の味わい。

DATA 交Ⓜ13号線淮海中路駅から徒歩5分 住思南路36号 ☎021-5306-6604 時11〜20時 休なし

南京西路周辺　MAP P56C2

Ⓒ 家有好麺
家有好面
ジアヨウハオミエン

上海の味を堪能

上海市内に約70店舗を展開する上海ラーメンの人気店。懐かしい味が楽しめる。濃厚なスープが特徴で、季節に合わせてメニューが変わる。

DATA 交Ⓜ2・12・13号線南京西路駅から徒歩すぐ 住呉江路277号2階 ☎021-6025-4413 時10〜21時 休なし

南京東路

なんきんとうろ／南京东路【ナンジンドンルウ】

食品や伝統工芸品の老舗、専門店がズラリ

租界時代のクラシカルな西洋建築

上海一のショッピングエリア
パワーあふれる繁華街

クラシックな**老舗百貨店**や**工芸品店**、中国菓子や乾物が山積みされた**食品店**など、多種多様な専門店が連なる目抜き通り。**19世紀後半**の**租界時代**に造られた、外灘と競馬場(現人民公園)を結ぶための大通りが始まりで、次第に上海有数の繁華街として発展。現在では**河南中路**と**西蔵中路**の間が**歩行者天国**に指定され、夜遅くまで買い物&グルメが堪能できるエリアとして賑わっている。

上海駅
外灘
黄浦江
南京東路 ← ココ
南京西路
浦東
豫園
新天地

最寄り駅は地下鉄2・10号線南京東路駅または1・2・8号線人民広場駅

タビトモ的 Best 3

1. 極上中華&上海蟹
秋が旬の上海蟹も専門店なら1年中OK。ネオン輝く夜景ウォッチも忘れずに**➡P32**

2. 安ウマの小吃
小籠包や麺類、肉まん、焼きソバなど、安ウマのお手軽グルメを満喫しよう**➡P30**

3. 中国みやげをGet!
文具や箸、漢方コスメ、ばら売り菓子など、中国らしいみやげを探そう**➡P34**

マチ読みグラフ

観光度
ショップ度
グルメ度
リラックス度
カルチャー度
オトナ度

アドバイス 人民広場駅から西蔵中路交差点を東に向かうのがベター。そのまま直進すれば外灘に着く。

グルメも買い物も楽しめる歩行者天国

「南京東路」のオススメ教えてください

スポーツ用品やファッションの店もたくさんあります
李俊さん(ショップ店員)

老舗の中国料理店がいろいろ揃っています
(飲食店スタッフ)

ネオン輝く夜の南京東路はキレイですね
王瑪瑪さん(飲食店スタッフ)

エリアウォッチ密着24h

6:00 世紀広場などでダンスの練習をするグループあり

7:00 食料品店などがオープンし始める

8:00

9:00 出勤の通行人や観光客が増え始める。小吃やファストフード店はオープン

10:00 百貨店、ショッピングセンターが営業スタート

11:00 ランチタイム。多くの店が観光客で大賑わい

12:00 中国料理、火鍋店の多くがオープン

13:00

14:00 午後の休憩に入るレストランもあるので注意

歩行者天国のベンチでは小吃やドリンクでひと休みする人の姿も

15:00

16:00

17:00 ディナー営業スタート。観光客と地元人が混ざって人波はピークに

18:00 レストランのピーク時間。通りのネオンも鮮やかに

19:00

20:00

21:00

22:00 ショップや百貨店、レストランの閉店時間

23:00 地下鉄2号線の南京東路駅での終電時間は、浦東方面が22時05分、南京西路駅方面が23時27分。10号線は新江湾城方面が23時04分、虹橋空港方面が22時05分

南京東路 ①

なんきんとうろ／南京东路【ナンジンドンルウ】

安くて旨い！繁華街のランチタイム

国内外から旅行者が集まる繁華街はランチスポットも充実！上海らしい小吃から人気の鍋料理まで、お手軽グルメを楽しもう。

🍴 泰康湯包館

MAP P30A1

泰康汤包馆【タイカンタンバオグアン】

大きな小籠包のような姿をした名物・大湯包を目当てに訪れる地元の人が多い。**DATA** 🚇M1・2・8号線人民広場駅から徒歩3分🏠南京東路766号2階☎021-6322-2936⏰9時30分～20時❌なし**PHOTO** 蟹黄大湯包18元、鶏汁鮮肉小籠包30元。食品店の奥に入口がある

🍴 徳興麺館

MAP P134B1

德兴面馆【ドゥーシンミエングアン】

創業130年以上という老舗。燜蹄二鮮麺23元や痩肉辣肉麺25元などが人気。**DATA** 🚇M2・10号線南京東路駅から徒歩10分🏠福建中路529号☎021-6360-2866⏰6時30分～21時❌なし**PHOTO** 白身魚と豚モモ肉がトッピングされた燜蹄二鮮麺

🍴 沈大成

MAP P30B1

沈大成【シェンダーチョン】

上海小吃の専門店。餅菓子の外売部も人気。**DATA** 🚇M1・2・8号線人民広場駅から徒歩5分🏠南京東路505号☎021-6322-4926⏰6～22時（外売部は9時30分～21時30分）❌なし**PHOTO** 肉絲炒麺は1階で。小豆餡入りの青団1個4元

包仔菜包
MAP
P30A2

包仔菜包
【バオザイツァイバオ】

メニューは青菜を炒めたあんを入れた野菜まん、具なしのまんじゅう、ココア牛乳の3種のみ。しっとりした皮とあんのうま味が話題に。DATA ⊗M1・2・8号線人民広場駅から徒歩3分⊕云南中路266号☎175-2151-8225營8～17時⊛なし PHOTO 黄金菜饅頭5元

上海餐廳
MAP
P30C2

上海餐厅
【シャンハイツァンティン】

清代の1744年に創業した老舗上海料理店。9月下旬～2月の上海蟹のシーズンは常に満席状態。清蒸大閘蟹は時価。DATA ⊗M2・10号線南京東路駅から徒歩5分⊕九江路555号王宝和大酒店2階☎021-5396-5000營11時30分～14時、17時30分～22時⊛なし

真老大房
MAP
P30C2

真老大房
【ジェンラオダーファン】

中国菓子が豊富に揃う食品専門店。甘いものから肉の入ったものまで種類さまざま。売り切れることもあるので早めに。DATA ⊗M2・10号線南京東路駅から徒歩5分⊕南京東路536号☎021-6322-3928營9～22時⊛なし PHOTO 店頭で売る名物の鮮肉月餅4元はアツアツが美味

莱莱小籠
MAP
P30B1

莱莱小笼
【ライライシャオロン】

小籠包の隠れた名店。夕方には売り切れも。DATA ⊗M1・2・8号線人民広場駅から徒歩10分⊕天津路504号☎021-6352-0230營8～20時⊛旧正月期間約1カ月 PHOTO 蟹ミソたっぷりの蟹粉小籠38元（8個）

南京東路 ❷

なんきんとうろ／南京东路【ナンジンドンルウ】

上海蟹から広東料理
極上グルメ

本場の上海蟹やゴージャスな広東料理など、上海で食べたい極上料理の数々。ネオン輝く南京東路にある、至福のグルメ空間へ。

🍴 新雅粤菜館

MAP P32A2

新雅粤菜馆
【シンヤユエツァイグワン】

創業1926年創業の広東料理店で、中国トップ10のレストランを意味する全国十佳酒家の称号を持つ。フカヒレや海鮮など豪華な逸品から庶民的料理まで幅広い品揃えで、高級感たっぷり。**DATA** 🚇M1・2・8号線人民広場駅から徒歩5分📍南京東路719号2-6階☎021-6351-7788🕐7時30分〜22時🈔なし 日✖ **PHOTO** 新雅滑蝦仁119元(小)と菠蘿咕嚕肉59元。5階の個室

🍴 成隆行蟹王府

MAP P33E2

成隆行蟹王府
【チョンロンハンシエワンフー】

香港に拠点をもつ蟹専売店が経営する上海蟹専門店。太湖に自社養殖場をもち、1年を通じてバラエティ豊かな蟹料理が味わえる。セットは480元〜。**DATA** 🚇M2・10号線南京東路駅から徒歩5分📍九江路216階☎021-6321-2010🕐11〜15時、17〜22時🈔なし 日✖ 日✖ 英✖ **PHOTO** 多彩な蟹料理が揃う。清蒸大閘蟹1匹は時価(150〜300元程度)。夜は中国伝統音楽の演奏も。九江路に立つ

↑徳興麺館
［上海料理／P30］へ

六合路
貴州路
広西北路

莱莱小籠
［小籠包／P31］
沈大成小吃
［ドッグストア／
上海市第一医薬商店

1

泰康湯包館
［湯団／P30］
新光酒家
［P18］
天津路
黄隆泰
［中国茶／P34］
真老大房食品
ケンタッキーフライドチキン
［P31］

上海市第一食品商店
［食品／P34］
錦江之星 H
福建中路
マクドナルド
石路
上海張小泉刀剪総店
［刃物／P35］
中国工商銀行

観光遊覧車
［P36］

軌道交通2号線(地下鉄2号線)

南京東路

謝馥春
［化粧品／P35］

夜のライトアップで
洋館がキレイ

マジェスティ・プラザ［P105］
永安百貨
ハーゲンダッツ
新世界休閑港湾

2

ロイヤルメリディアン上海
［P104］
新雅粤菜館
鮮墻房
浙江中路
ジョルダーノ
［ファッション］
世紀広場［P36］
ソフィテルハイランド上海
足ツボマッサージ／P36
桃源郷
［P36］

九江路
黄浦区

ザ・ヤンツー・
ブティックホテル
広西北路
包仔菜包
［点心／P31］
古象大酒店
中福大酒店
上海餐館
［上海料理／P19・31］
王宝和大酒店

沐恩堂

A **B** **C**

🍴 鮮墻房

MAP
P32B2

鮮墻房
【シエンチアンファン】

伝統的な上海料理を中心に江南各地の名料理から、豪華な海鮮料理まで幅広く揃う。**DATA** 🚇2・10号線南京東路駅から徒歩5分 住九江路600号4-5階 🕐021-6351-5757 営11〜14時、17〜22時 休なし 英メ 英メ **PHOTO** 1930年代のオールド上海を彷彿させる内装。料理はイメージ

コチラもどうぞ

南京東路の夜景ウォッチング！

巨大なネオン看板が連なる夜の南京東路は、絶好の夜景ポイント。とくに1917年築の錦江之星（MAP／P32B1）と1918年築の華聯商厦（永安百貨）がライトアップされる浙江中路との交差点付近（世紀広場前）がおすすめだ。南京東路にはスリや悪質な客引きも多いので荷物には要注意。**PHOTO**（上）右が錦江之星、左が華聯商厦（下）ネオン看板が連なる歩行者天国

🍴 新光家

MAP
P32B1

新光酒家
【シングアンジウジア】

庶民的な店構えながら、著名人のお忍びも多い上海蟹専門店。厳選した陽澄湖産の上海蟹のみを提供している。**DATA** 🚇M1・2・8号線人民広場駅から徒歩5分 住天津路512号 🕐021-6322-3978 営11〜14時、17〜22時 休なし 日メ 英メ **PHOTO** 蟹料理4種などが味わえるセット2人950元〜。オーナー宅を改装

🍴 王宝和酒家

MAP
P134B2

王宝和酒家
【ワンバオフージウジア】

創業は1744年。上海を代表する蟹専門店で、九江路にある上海餐廳はここの支店。**DATA** 🚇M1・2・8号線人民広場駅から徒歩5分 住福州路603号 🕐021-6322-3673 営11時 〜13時30分、17〜21時 休なし 日メ 日メ **PHOTO** 特色河蟹粉320元（写真は2人前）。蟹のシーズンは予約して訪れたい

南京東路 3

なんきんとうろ／南京东路【ナンジンドンルウ】

老舗百貨店工芸品店で伝統みやげを

清代から続く工芸品の名店や、老舗デパートが立ち並ぶ歴史的繁華街で、中国ならではの伝統みやげを探してみよう。

上海市第一食品商店 MAP P34A1

上海市第一食品商店
【シャンハイシーディーシーピンシャンディエン】

60年の歴史をもつ食品専門デパートで、1階は菓子や乾物の量り売りが中心。奥にレストランフロアあり。**DATA** ◎M1・2・8号線人民広場駅から徒歩3分 ⊕南京東路720号 ☎021-6322-2777 ⏰9時30分～22時 ❷なし 英⚡ PHOTO 1926年築の洋館で旧上海四大デパートの一つ。2012年にリニューアルした

上海市第一医薬商店 MAP P34B1

上海市第一医药商店
【シャンハイシーディーイーヤオシャンディエン】

1階は高麗人参や霊芝など漢方素材コーナー、2階には国内各社のコスメグッズやサプリメントが揃っている。**DATA** ◎M1・2・8号線人民広場駅から徒歩5分 ⊕南京東路616号 ☎021-6322-4567 ⏰9～22時 ❷なし 英⚡ PHOTO 青い看板が目印のビル。1階には高級な漢方の素材が揃っている

黄隆泰 MAP P34C1

黄隆泰
【ホアンロンタイ】

1918年創業の老舗茶葉店で、龍井茶の品揃えは抜群。鉄観音700元～。**DATA** ◎M2・10号線南京東路駅から徒歩5分 ⊕福建中路337号 ☎021-6322-4354 ⏰9時30分～20時30分 ❷なし PHOTO 西湖龍井450元～

上海張小泉刀剪総店
MAP P34C1

上海张小泉刀剪总店
【シャンハイジャンシアオチュアンダオジェンゾンディエン】
清代に杭州で創業した刃物店。【DATA】🚇M2・10号線南京東路駅から徒歩3分📍南京東路490号☎021-6322-3858🕐9時30分〜21時30分休なし
英ス PHOTO 鶴型剪、龍風合金剪ともに45元

邵萬生食品公司
MAP P35D1

邵万生食品公司
【シャオワンションシーピンゴンスー】
1852年創業の老舗食品店で、量り売りがメイン。【DATA】🚇M2・10号線南京東路駅から徒歩2分📍南京東路414号☎021-6322-3907🕐9〜22時休なし
PHOTO 菓子の量り売りは500g23元〜で品数豊富

朶雲軒
MAP P35D1

朶云轩
【ドゥオユンシュアン】
文房四宝（筆、硯、墨、紙）を中心に豊富な文具を扱う。【DATA】🚇M2・10号線南京東路駅から徒歩3分📍南京東路422号☎021-6361-4731🕐9時30分〜21時休なし 英ス PHOTO 墨1本36元〜

謝馥春
MAP P34C1

谢馥春
【シエフーチュン】
清朝の皇帝妃も愛用した揚州の化粧品ブランドを現代風にアレンジ。ヘアオイルは38元。【DATA】🚇M2・10号線南京東路駅から徒歩6分📍福建中路360号☎021-6352-5823🕐9時30分〜21時30分休なし 英ス

敦煌民楽
MAP P35F1

敦煌民乐
【ドゥンホアンミンユエ】
二胡590元〜や月琴500元〜など、中国の伝統楽器を扱う専門店。【DATA】🚇M2・10号線南京東路駅から徒歩5分📍南京東路114号☎021-6321-3869🕐9〜21時休なし

周辺マップは P134

天津路

南京東路
南京东路

邵萬生食品公司

朶雲軒

恒基名人購物中心
南京東路
南京东路

❶

❷

上海新世界大丸百貨[P36]

星火食品[菓子]

敦煌民楽

河南中路

西蔵中路

四川中路

南京東路

軌道交通2号線（地下鉄2号線）

❼

ホコテンはここまで。
外灘方向は車道になるので注意

観光遊覧車[P36]

❸

宏伊国際広場

❹

上海置地広場

美珍香
［ジャーキー／P36］

成隆行蟹王府[上海蟹／P19・32]

中国銀行

九江路

ローカル系の
ファッションが集まる

山西南路

山東中路

軌道交通10号線・地下鉄10号線

河南中路

江西中路

沙市一路

沙市二路

九江路

四川中路

汉口路

山東中路

D

E

F

まだまだ！

in 南京東路

南京東路の歩行者天国には、新設のショッピングセンターや日本人に人気のマッサージ店など楽しいスポットもいろいろ。

世茂広場

世茂广场
【シーマオグワンチャン】

MAP P134A2

ナイキ・ハウス・オブ・イノベーション001やレゴ旗艦店など話題店多数。開放的なデザインのレストランフロアも必見。**DATA** ⊗M1・2・8号線人民広場駅から徒歩3分⊕南京東路829号☎021-5309-8050⊕10～22時⊛なし

蔡同徳堂

蔡同德堂
【ツァイトンドゥータン】

MAP P31D1

1882年創業の老舗薬局。錠剤やカプセル状の漢方薬が人気。**DATA** ⊗M2・10号線南京東路駅から徒歩3分⊕南京東路450号☎021-6322-1160⊕9～22時⊛なし 英又

桃源郷

桃源乡
【タオユエンシャン】

MAP P30C2

日本にも支店をもち、根強い人気を誇るマッサージ専門店。薬効のあるお湯で足浴後、足裏のツボを指圧するマッサージは60分178元～。そのほか全身60分228元～など。**DATA** ⊗M2・10号線南京東路駅から徒歩3分⊕南京東路505号Ｈソフィテルハイランド上海4階☎021-6351-6822⊕11時～翌1時⊛なし 日文 英又 **PHOTO** カップルや親子で同じ個室で施術を受けることができる

美珍香

美珍香
【メイジェンシアン】

MAP P31D2

アジア各地にチェーン展開する、シンガポール系のジャーキー専門店。日本へは持ち帰りできないので、ホテルの部屋などで味わおう。**DATA** ⊗M2・10号線南京東路駅から徒歩5分⊕南京東路413号☎021-6322-0722⊕10～21時⊛なし **PHOTO** 切片猪肉干は50g14元～

観光遊覧車

观光游览车
【グアングアンヨウランチョー】

MAP P30A1・31E1

南京東路の歩行者天国を、端から端まで約5分で走る電動カート。途中乗車・下車ともに不可。**DATA** ⊗M2・10号線南京東路駅から徒歩1分⊕9時30分～22時30分⊛なし⊕片道5元

世紀広場

世纪广场
【シージィグアンチャン】

MAP P30C2

イベント会場として利用されるステージ付きの広場で、休憩・待ち合わせに最適。オープンエアのカフェ、芝蘭美を併設。**DATA** ⊗M2・10号線南京東路駅から徒歩5分

上海新世界大丸百貨

上海新世界大丸百货
【シャンハイシンシージエダーワンバイフォ】

MAP P31E1

海外の一流ブランドからカジュアルファッション、コスメまで、多彩な店舗ラインナップを誇る。高級路線のスーパーマーケットも人気。**DATA** ⊗M2・10号線南京東路駅から徒歩1分⊕南京東路228号⊕10～22時⊛なし **PHOTO** 外灘らしいクラシカルな内装

だいたい **10** 分
from 南京東路

大小の書店や文具店が立ち並ぶ福州路、庶民的賑わいあふれる天津路、寧波路など、南京東路の周辺を散策してみよう。

🍴 老正興菜館　MAP P134B2
老正兴菜馆
【ラオジェンシンツァイグアン】

1862年創業の上海料理店。昔ながらの味を守っており、とくに油爆河蝦は中華名菜の称号を国から与えられた逸品。本格的な上海料理ならここに。**DATA** 🚇1・2・8号線人民広場駅から徒歩8分🏠福州路556号☎021-6322-2624🕐11〜14時、17〜21時🈺なし **PHOTO** 川エビをカラッと揚げた油爆河蝦118元

🛍 上海文物商店　MAP P135C2
上海文物商店
【シャンハイウェンウーシャンディエン】

国が販売を許可した骨董品のみ扱う国営店。茶器や小皿から、大きな壺、木製家具、彫刻まで安心で豊富な品揃え。**DATA** 🚇2・10号線南京東路駅から徒歩10分🏠广东路218〜226号☎021-6321-5868🕐9〜17時🈺なし **PHOTO** 高額なアンティークの壺や茶器も多い

🛍 外文書店　MAP P134B2
外文书店
【ワイウェンシューディエン】

輸入書籍の大型専門書店で、日本の書籍・雑誌は4階に。**DATA** 🚇2・10号線南京東路駅から徒歩7分🏠福州路390号☎021-2320-4994🕐10時〜18時30分🈺なし

🍴 杏花楼　MAP P135C2
杏花楼
【シンホアロウ】

清代の1851年に創業した広東料理店。粥や麺、点心からフカヒレ、アワビまで幅広いメニュー。**DATA** 🚇2・10号線南京東路駅から徒歩5分🏠福州路343号☎021-6355-3777🕐10時30分〜14時、16時30分〜21時🈺なし 🈁 🈂 **PHOTO** 鴻遠金猪698元/1匹はパリパリの子豚の丸焼。オリジナルの菓子は量り売りで8元〜

🛍 上海書城　MAP P134B2
上海书城
【シャンハイシューチョン】

7階建て、3713㎡を誇る超大型の書店。中国語に翻訳された日本の本も置かれている。**DATA** 🚇1・2・8号線人民広場駅から徒歩7分🏠福州路465号☎021-6391-4848🕐9〜21時🈺なし

🛍 ラッフルズ・シティ　MAP P134B2
Raffles City 来福士广场
【ライフーシーグアンチャン】

シンガポール系複合商業施設。2〜3階のカジュアル・ウエア、地下のグルメ街が人気。**DATA** 🚇1・2・8号線人民広場駅から徒歩1分🏠西藏中路268号☎021-6340-3333🕐10〜22時🈺なし 🈂

外灘

がいたん／外灘【ワイタン】

外灘18号の豪華なエントランス　　レトロな雰囲気のカフェもいっぱい　　　歴史建築群のライトアップは必見

川沿いに瀟洒な歴史建築が並ぶ 東洋のウォール街

別名バンド（Bund）とよばれる外灘は、黄浦江の河畔に20世紀初頭に建てられた西洋建築が立ち並ぶ歴史的スポット。上海に租界が置かれた19世紀半ば以降、東洋一の金融街として繁栄したエリアだ。近年では歴史建築の一部がリノベーションされ、上海トップレベルのレストランやショップが集結。対岸の浦東を一望する絶好のビュースポットでもあり、夜景ウォッチも人気だ。

上海駅
南京東路　黄浦江
南京東路　外灘　浦東
豫園
新天地
ココ

最寄り駅は地下鉄2・10号線南京東路駅。徒歩7〜15分

タビトモ的 Best 3

1. 洋館ウォッチ
20世紀前半に建築された多彩な西洋建築群を鑑賞。ライトアップも必見➡P10

2. 絶景と極上グルメ
景観抜群の人気レストランで、一流シェフによる中国料理やフレンチを堪能➡P40

3. セレブなお買い物
シノワズリ雑貨や個性派セレクトショップを巡り、セレブ気分でお買い物を➡P42

マチ読みグラフ

観光度
ショップ度
オトナ度
グルメ度
カルチャー度
リラックス度

アドバイス 歴史的西洋建築を利用したお洒落なショップが目白押し。夜景を楽しみながらの散策がおすすめ。

20世紀初頭の西洋建築が立ち並ぶ上海の代表的景観

「外灘」のオススメ教えてください

外灘3号には夜景自慢の一流レストランが揃ってます
李紅さん(飲食店スタッフ)

外灘18号にある「バー・ルージュ(→P.79)」はとっても大人の雰囲気です
ティナさん(飲食店スタッフ)

外灘18号には一流ブランドが充実！ATOSやHüdiéなサミーさんとアンさん
(外灘18号勤務)

エリアウォッチ密着24h

河畔のプロムナードでは太極拳やダンスをするグループあり

6:00

外灘の銀行やオフィスがオープン。黄浦公園周辺はすでに観光客が多数

7:00

8:00

ショップのオープン時間。黄浦江の遊覧船が運航スタート

9:00

10:00

レストランは11時30分スタートが多い

11:00

12:00

ビジネスマン向けのランチを提供する洋館ダイニングも多い

13:00

14:00

ほとんどのダイニングが14時〜14時30分でランチ終了

15:00

浦東の風景を順光で撮影するならこの時間。ツアーの団体客なども続々到着

16:00

レストランの多くがディナー営業をスタート。客はまだ少ない

17:00

18:00

季節により異なるが、日暮れとともに外灘&浦東のライトアップ開始

歴史建築内では夜景の見えるバーに客が集まり始める

19:00

20:00

21:00

浦東のライトアップが終わる時間。レストランは22時30分にほぼ閉店

22:00

地下鉄2号線の南京東路駅での終電時間は、浦東方面が22時05分、南京西路駅方面が23時27分。10号線は新江湾城方面が23時04分、虹橋空港方面が22時53分

23:00

外灘 ①

がいたん／外灘【ワイタン】

世紀の夜景と味わう ゴージャスディナー

外灘の歴史建築や黄浦公園は、上海のトップダイニングが集まるグルメエリア。リバーサイドで世界の美食を堪能しよう。

🍴 黄浦会 [MAP P41A4]

黄浦会
【ホアンプウフェイ】

ベテラン料理長が腕をふるう上海ヌーベルシノワの代表格。伝統の味に現代のエッセンスを加えた料理は、フレンチのような美しい盛り付けにも注目。**DATA** 🚇Ⓜ2・10号線南京東路駅から徒歩15分🏢中山東一路3号外灘3号（→P10）5階☎021-6321-3737🕐11時30分〜14時30分、17時30分〜23時❌なし 要予約 英メ
PHOTO しっとり楽しみたい中華

🍴 ミスター&ミセス・バンド [MAP P41A2]

Mr & Mrs Bund

モダンな店内で味わうフレンチはワンプレート100元〜。ボトルワイン500元〜は種類豊富。**DATA** 🚇Ⓜ2・10号線南京東路駅から徒歩6分🏢中山東一路18号6階☎021-6323-9898🕐11時30分〜14時30分（土・日曜のみ）、17時30分〜翌2時（日〜水曜は〜22時30分）❌なし 英メ

🍴 ジャン・ジョルジュ [MAP P41A4]

Jean Georges

N.Y.に本店をもつフレンチの名店。土・日曜限定のブランチセットは298元〜。**DATA** 🚇Ⓜ2・10号線南京東路駅から徒歩15分🏢中山東一路3号 外灘3号（→P10）4階☎021-6321-7733🕐11時30分〜14時30分（土・日曜は〜15時）、18時〜22時30分❌なし 要予約 英メ
PHOTO フォアグラのテリーヌ

🍴 エル・ウィリー [MAP P135D2]

El Willy

スペイン出身の敏腕シェフによるタパス（小皿料理）28種類やパエリア230元〜（2人前）は本格的な味わいと評判。窓際の席は予約を。**DATA** 🚇Ⓜ10号線豫園駅から徒歩15分🏢中山東二路22号5階☎021-5404-5757🕐11時〜14時30分、18時〜22時30分❌なし 英メ **PHOTO** かわいらしい盛り付けのタパスの数々は上海人女性にも人気

エム・オン・ザ・バンド
M on The Bund

MAP P41A4

本場仕込みのコンチネンタル料理とテラス席からの絶景にファン多数。**DATA** 🚇M2・10号線南京東路駅から徒歩15分🏠広東路20号外灘5号（→P11）7階☎021-6350-9988🕐11時30分〜14時30分（土・日曜は〜17時）、18時〜22時30分❌なし 英🅜 英🅜 **PHOTO** 奶油蛋白餅（クリームケーキ）98元。クラシックな趣

ロスト・ヘブン
Lost Heven

MAP P41A4

オリエンタルムード満点の店内でアジアンエスニックを味わう。3階はオープンエアのバー。**DATA** 🚇M2・10号線南京東路駅から徒歩15分🏠延安東路17号☎021-6330-0967🕐11時30分〜14時、17時30分〜23時（3階は17時〜翌1時）❌なし 英🅜 英🅜 **PHOTO** タイ風の鶏肉炒め68元

厲家菜
厉家菜
【リージアツァイ】

MAP P41A2

宮廷料理が味わえる予約制レストラン。ランチはセットは480元〜。**DATA** 🚇M2・10号線南京東路駅から徒歩15分🏠黄浦公園内☎021-5308-8071🕐11時〜14時30分、17時30分〜21時30分❌なし　要予約 英🅜 英🅜 **PHOTO** 店内は個室のみ。アヒル肉とフカヒレを煮た鴨包魚翅

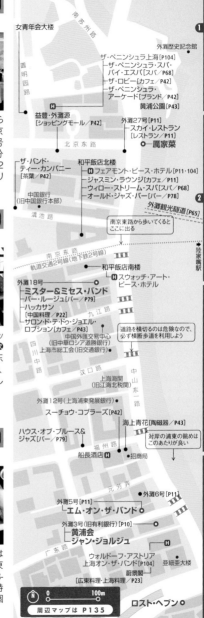

● 外白渡橋

女青年会大楼

● 外灘歴史記念館

ザ・ペニンシュラ上海 [P104]
└ザ・ペニンシュラ・スパ・バイ・エスパ [スパ／P68]
└ザ・ロビー [カフェ／P42]
└ザ・ペニンシュラ・アーケード [ブランド／P42]
　黄浦公園 [P43]

益豊・外灘源
[ショッピングモール／P42]

外灘27号 [P11]
└スカイ・レストラン [レストラン／P11]
　◦ 厲家菜

北京東路

ザ・バンド・ティー・カンパニー
[茶葉／P42]

和平飯店北楼
└フェアモント・ピース・ホテル [P11・104]
└ジャスミン・ラウンジ [カフェ／P11]
└ウィロー・ストリーム・スパ [スパ／P68]
└オールド・ジャズ・バー [バー／P78]

中国銀行
（旧中国銀行本部）

外灘観光隧道 [P65]

滇池路

南京東路から歩いてくるとここに出る

→ 陸家嘴駅

南京東路
軌道交通2号線（地下鉄2号線）

和平飯店南楼
└スウォッチ・アート・ピース・ホテル

外灘18号
├ミスター&ミセス・バンド
├バー・ルージュ [バー／P79]
├ハッカサン [中国料理／P22]
└サロン・ド・テ・ドゥ・ジョエル・ロブション [カフェ／P43]

中国外匯交易中心
（旧中ロシア道勝銀行）
上海市総工会（旧交通銀行）

四川中路

九江路

道路を横切るのは危険なので、必ず横断歩道を利用しよう

汉口路

上海海関
（旧江海北税関）

中山東一路

外灘12号（上海浦東発展銀行）
└スーチョウ・コブラーズ [P42]

海上青花 [陶磁器／P43]

ハウス・オブ・ブルース&ジャズ [バー／P79]

対岸の浦東の眺めはこのあたりが良い

船長酒店 H
└ ● 招商局

福州路

元芳弄

外灘5号 [P11]
└エム・オン・ザ・バンド ◦

外灘6号 [P11]

外灘3号（旧有利銀行）[P10]
├黄浦会
└ジャン・ジョルジュ H

ウォルドーフ・アストリア
上海オン・ザ・バンド [P104]

亜細亜大楼

蔚景閣
[広東料理・上海料理／P23]

広東路

0　　　　100m

周辺マップは P135

ロスト・ヘブン ◦

A

外灘 2

がいたん／外滩【ワイタン】

歴史の舞台で
お気に入りの逸品を探す

歴史建築を再生した複合商業ビルには、海外ブランドや人気のセレクトショップが集結。買物のあとはおしゃれなカフェでひと休み。

ザ・バンド・ティー・カンパニー
MAP P43A2

The Bund Tea Company

1908年築の洋館を使用した、中国産高級紅茶の専門店。**DATA** 🚇M2・10号線南京東路駅から徒歩10分⊕滇池路100号☎021-6329-0989🕙10〜20時❻なし 日文 英文 **PHOTO** 滇紅超級50g180元、正山小種50g220元

益豊・外灘源
MAP P43A2

益丰・外滩源【イーフォン・ワイタンユエン】

ザ・ペニンシュラ上海の向かいにあり、ミシュラン二ツ星の御宝軒などが入る。**DATA** 🚇M2・10号線南京東路駅から徒歩12分⊕北京東路99号☎021-6339-2228🕙10〜22時❻なし 英文 **PHOTO** 2020年1月現在、一部改装中

ザ・ペニンシュラ・アーケード
MAP P43A1

The Peninsula Arcade

プラダやシャネル、ヴェルサーチなど、約30の世界的な有名ブランドが並ぶ。**DATA** 🚇M2・10号線南京東路駅から徒歩10分⊕Ηザ・ペニンシュラ上海（→P104）内☎021-2327-2888(代)🕙11時〜21時30分❻なし 英文

ザ・ロビー
MAP P43A1

The Lobby

ペニンシュラのロビーフロアに位置するティーラウンジ&レストラン。午後は弦楽器バンドの演奏も聞ける。**DATA** 🚇M2・10号線南京東路駅から徒歩10分⊕Ηザ・ペニンシュラ上海（→P104）1階☎021-2327-2888(内線6741)🕙6〜24時(アフターヌーンティーは14〜18時❻なし 英文 英文 **PHOTO** 三段重ねのアフターヌーンティーは2名680元

スーチョウ・コブラーズ
MAP P43A3

Suzhou Cobblers

蘇州地方の伝統的刺繍を施した靴やバッグが大人気。シルクの室内履き750元〜、バッグ680元〜。**DATA** 🚇M2・10号線南京東路駅から徒歩12分⊕福州路17号101室☎021-6321-7087🕙10時〜18時30分❻なし 英文 **PHOTO** シルク製バッグやニットのバッグなど。刺繍入りシルクのミュール

コチラもチェック！

黄浦江のリバーサイドを楽しもう

外灘の歴史建築物群と、浦江の高層建築を一望するなら、以下の2つがおすすめだ。

黄浦公園

黄浦公園【ホアンプゴンユアン】

DATA 🚇M2・10号線南京東路駅から徒歩10分 🏠中山東一路500号 🕐見学自由 💰無料 **PHOTO** 園内にはカフェやレストランも MAP/P43A1

黄浦江遊覧船

黄浦江游覧【ホアンプジアンヨウラン】

DATA 🚇M2・10号線南京東路駅から車で5分 ☎021-6311-1918 🕐18〜21時 🈺なし 120元 **PHOTO** 浦東を一望 MAP/P135D2

サロン・ド・テ・ドゥ・ジョエル・ロブション MAP P43A2

Salon de Thé de Joël Robuchon

ジョエル・ロブションの店。1階はパンやケーキを販売。2階ではアフタヌーンティーを。**DATA** 🚇M2・10号線南京東路駅から徒歩12分 🏠中山東一路18号 ☎021-6070-8888 🕐10〜19時（1階は〜21時、木〜土曜は〜23時。3階レストランは17時30分〜22時30分、木〜土曜は〜23時）🈺なし 英語 🍴

海上青花 MAP P43A3

海上青花【ハイシャンチンホア】

淡い青色の絵付けを施した磁器"青花"の専門店で、上海出身の若手女性デザイナー海晨さんの作品が並ぶ。**DATA** 🚇M2・10号線南京東路駅から徒歩12分 🏠福州路17号103室 ☎021-6323-0856 🕐10時30分〜18時30分 🈺なし **PHOTO** 枝に止まる鳥が帽子掛けに。マグカップ180元、花瓶480元〜

● 外白渡橋

女青年会大楼

● 外灘歴史記念館

├ ザ・ペニンシュラ上海[P104]
├ ザ・ペニンシュラ・スパ・バイ・エスパ[スパ／P68]
├ ザ・ロビー
└ ザ・ペニンシュラ・アーケード

黄浦公園

H

益豊・外灘源

外灘27号[P11]
├ スカイ・レストラン[レストラン／P11]
└ 鷹家菜[宮廷料理／P41]

北京東路

和平飯店北楼

ザ・バンド・ティー・カンパニー

H フェアモント・ピース・ホテル[P11・104]
├ ジャスミン・ラウンジ[カフェ／P11]
├ ウィロー・ストリーム・スパ[スパ／P68]
└ オールド・ジャズ・バー[バー／P78]

外灘観光隧道[P65]

中国銀行（旧中国銀行本部）

南京東路から歩いてくるとここに出る

滇池路

陸家嘴駅

軌道交通2号線（地下鉄2号線） 和平飯店南楼

● スウォッチ・アート・ピース・ホテル

外灘18号
├ バー・ルージュ[バー／P79]
├ ミスター＆ミセス・バンド[フランス料理／P40]
├ ハッカサン[中国料理／P22]
└ サロン・ド・テ・ドゥ・ジョエル・ロブション

九江路

中国外匯交易中心（旧中華ロシア道勝銀行）

上海市総工会（旧交通銀行）

道路を横切るのは危険なので、必ず横断歩道を利用しよう

四川中路

漢口路

上海海関（旧江海北税関）

中山東一路

外灘12号（上海浦東発展銀行）●

スーチョウ・コブラーズ

海上青花

ハウス・オブ・ブルース＆ジャズ・バー／P79

対岸の浦東の眺めはこのあたりが良い

福州路

船長酒店 **H** **●** 招商局

元芳弄

外灘6号[P11]

外灘5号[P11]
└ エム・オン・ザ・バンド[コンチネンタル料理／P41]

外灘3号（旧有利銀行）[P10]
├ 黄浦会[ヌーベルシノワ／P40]
└ ジャン・ジョルジュ[フランス料理／P40]

ウォルドーフ・アストリア
上海オン・ザ・バンド[P104] 亜細亜大楼

蔚景閣[広東料理・上海料理／P23]

ロスト・ヘブン[エスニック料理／P41]

広東路

N 0 100m

周辺マップは P135

中国茶

悠久の時の流れが　身も心も癒し和ませる

日本人にもなじみの深いお茶。中国茶は緑茶、青茶、紅茶と種類も多く、歴史も長い。奥深い中国茶の世界にふれる茶館やショップを訪ねてみよう。

茶道具を知ろう

茶壺 チャフウ
いわゆる急須。茶葉が開き切ったとき茶壺が茶葉でいっぱいになるように量を調整するのがコツ。

茶盤 チャバン
湯をかけて茶杯や茶壺を温める際に、湯がこぼれないように受けるすのこ状の道具。

茶海 チャーハイ
とくに青茶（烏龍茶など）でお茶の濃度を均一にするために、品茗杯に分ける前に使用する。

品茗杯 ピンミンベイ
蓋のない茶碗で、茶杯ともよばれる。お茶を少しずつ楽しむために、日本の茶碗より小ぶり。

茶通 チャトン
竹や木で作られ、茶壺の注ぎ口の詰まりを直したり、アクを取ったりするときに使う。

焼水壺 シャオシュイフウ
煮水壺ともよばれ、湯を沸かすための道具。

聞香杯 ウェンシアンベイ
品茗杯に移した後の茶の香りを楽しむための杯。香りを逃さないために縦長の形をしている。

茶托 チャトゥオ
聞香杯と品茗杯を載せて客人に出すためのもの。

茶荷 チャホー
茶葉を茶壺や蓋碗に移す前に、使う量を入れておく器。移しやすいように先がすぼんでいる。

中国茶の淹れ方
※蓋碗を使用した方法

 1 蓋碗に入れた湯で茶器を温める →

 2 蓋碗に茶葉を適量入れ、湯を注ぐ →

 3 茶海にお茶を注ぎ、聞香杯に注ぐ

本格派の茶館で喫茶！

湖心亭
湖心亭　フウシンティン
MAP P51B2
220年以上の歴史を持つ上海最古の茶館。豫園商城の賑わいを眺めながらお茶が楽しめる。フロアによって料金が異なる。
DATA 交M10号線豫園駅から徒歩10分 住豫園路257号 電021-6373-6950 時8時30分〜21時（金・土曜が祝日の場合は〜22時）休なし 日ス 英× PHOTO 歴史を感じさせる店内

禅約茶書館
禅約茶书館　チャンユエチャーシュウグワン
MAP P126B2
2016年にオープンした本格的な茶館。正山小种紅茶、普洱茶、武夷岩茶、福鼎白茶が人気。茶器も販売している。
DATA 交M1・9・11号線徐家匯駅から徒歩10分 住天钥桥路133号永新坊15-16 電150-0099-0269 時11〜22時 休なし 英× PHOTO 見事な茶芸を披露してくれる

大可堂普洱茶館
大可堂普洱茶館　ダーコオタンプウアルチャグアン
MAP P129C3
1933年に建てられたフランス式洋館を改装した雰囲気ある茶館。約90種類の普洱茶を扱っており150元〜。お茶請けは48元〜。
DATA 交M1・10・12号線陝西南路駅から徒歩15分 住襄陽南路388弄25号 電021-6467-6577 時10時〜翌1時 休なし 英× PHOTO 売店では茶葉も購入可能

飲んでみたい人気の茶葉

緑茶の一種。杭州のごく限られた地域でしか栽培されない。なかでも4月に摘まれた葉は深みのある味わい。

青茶の一種。お茶の最大産地の一つ、福建省南部の安渓県で栽培され、品質のよいものは、香り高く後味最高。

青茶の一種。烏龍茶の代表的な岩茶のなかでも「王様」とよばれるほど原木から採れる茶葉が少ない。

西湖龍井茶
シーフゥロンジンチャ

鉄観音
ティエグアンイン

大紅袍
ダーホンパオ

古典美人
グーディエンメイレン

普洱茶
プウアルチャ

茉莉花茶
モーリーホアチャ

工芸茶(花茶)
ゴンイーチャ(ホアチャ)

茶葉を完全発酵させて作る紅茶の一種。淹れる湯の温度で味わいが変化する。芳醇ですっきりとした味。

雲南省が産地の黒茶の一種。独自の色と香りがあり、美容効果も高い。熟成度が高いものは200万元以上。

緑茶にジャスミンの花弁を加え、花の香りを茶葉に移したもので、ジャスミン茶として有名。

茉莉花茶の葉で乾燥した花を包んでおり、湯を注ぐと花が開く。花はユリやスズラン、センニチソウなどを使用。

お茶請け定番メニュー

山楂
シャンジャ

五香豆
ウーシアンドウ

牛肉干
ニウロウガン

地瓜干
ディグアガン

話梅
ホアメイ

乾燥させたサンザシ。美容効果の高いフルーツ

炒ったソラマメを塩で味付けした上海名物

中国のビーフジャーキー。甘辛い味がお茶にマッチ

乾燥サツマイモ。甘くておいしいので老若男女に人気

干した梅に調味料をからめた上海定番のお茶請け

一滝目は捨て、二滝目で蒸らす →

聞香杯と品茗杯を上下回転させる →

逆さまにして、最初に聞香杯の香りを楽しむ

④ **⑤** **⑥**

茶葉&茶器を買うなら

叙友茶荘
叙友茶庄
シューヨウチャジョアン
MAP P85D1

自社独自で開発した茶葉が揃い、他店とは違った品揃えが魅力。野香茶50g50元、龍頂茶50g40元。茶器セットも豊富に販売。

DATA 交 M 1・10・12号線陝西南路駅から徒歩10分淮海中路605号 ☎021-5306-2974 時9〜21時 休なし 英x PHOTO 珍しい青蔵のお茶・青蔵茶は120元

奉茶
奉茶
フォンチャ
MAP P126B2

茶葉300種以上、茶器約1000種類が揃う。特製茶器セットは200元〜。お茶請けの茶梅やバラの香りのカボチャの種なども販売。

DATA 交 M 10号線水城路駅から徒歩15分栄華西道19弄金龍公寓2号101室 ☎021-6270-2067 時10〜22時 休なし 日x 英x PHOTO 普洱茶頭50g95元〜

十方茶荘
十方茶庄
シーファンチャジョアン
MAP P126B2

中国茶の店が集まる「天山茶城」のなかで、普洱茶と鳳凰茶の品揃えが一番の店。桃の香りの蜜桃香50g45元〜、普洱散茶50g15元〜。

DATA 交 M 2号線婁山関駅から徒歩7分中山西路520号天山茶城1053〜1056号 ☎021-6259-3227 時9時30分〜19時 休なし 英x
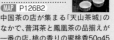
PHOTO 茶器セットも用意されている

豫園

よえん／豫园【ユィユアン】

花窓や月亮門が美しい庭園を散策　　上海の伝統的小吃や麺類が充実　　静かな中国茶館で銘茶を味わう

美しき江南庭園と門前街・豫園商城

豫園とは明代の16世紀後半、上海出身の役人・潘允端が父親に贈るために築かせた庭園。江南地方を代表する傑作として名高く、約2万㎡の敷地に池や築山、数々の楼閣や亭が巧みに配され、迷路のような回廊が続いている。庭園を囲むように形成された門前街が豫園商城。明・清代風の建物には有名な小籠包の老舗をはじめ、工芸品、中国茶などの専門店がズラリと軒を連ねている。

最寄り駅は地下鉄10号線豫園駅。徒歩7〜10分

タビトモ的 Best 3

1. 江南庭園を散策

豫園のメインはあくまで庭園鑑賞。中国の伝統美あふれる空間をのんびり歩こう**➡P48**

2. 小籠包の有名店

数ある老舗飲食店のなかでも、南翔饅頭店の小籠包はぜひ味わっておきたい**➡P52**

3. 伝統工芸品をGet

切り紙細工、扇、箸などの工芸品、豫園名物の五香豆などみやげ探しに最適**➡P50**

マチ読みグラフ

```
        観光度
オトナ度        ショップ度

カルチャー度        グルメ度

    リラックス度
```

アドバイス 人の少ない朝早めに庭園散策や南翔饅頭店をクリアし、残りの時間でみやげ探しを楽しむのがベター

九曲橋＆湖心亭は絶好の撮影ポイント

「豫園」の オススメ教えてください

良質な工芸品を探すのなら豫園商城を歩くといいよ
黄瑞安さん（ショップ店員）

イルミネーションが灯る夜の豫園も雰囲気あります
繆珍さん（ショップ店員）

ゆっくりと時間が流れる中国の伝統的な茶館がオススメです
張駿傑さん（飲食店スタッフ）

エリアウォッチ密着24h

6:00

南翔饅頭店は8時に営業開始

庭園の開場時間。豫園商城のショップが営業スタート

7:00

8:00

9:00

上海老街の店は9時30分前後のスタート

一般のレストランが営業開始

10:00

11:00

観光客が増えて豫園商城はたいへんな賑わいに

レストランはランチが終了し休憩時間に

12:00

13:00

14:00

小吃系の店や屋台には客がいっぱい

15:00

ディナー営業スタート。帰りのタクシーがつかまりづらい時間帯

16:00

17:00

季節により異なるが、日暮れの前にイルミネーションが点灯

18:00

一部を除き飲食店は21時ごろに閉店。ショップも21時で閉店

19:00

20:00

23時まで営業しているレストランも

21:00

22:00

地下鉄10号線の豫園駅での終電時間は、南京東路駅方面が23時02分、老西門駅方面が22時55分

23:00

中国の伝統美＆建築にふれる江南の名園へ

豫園

楼閣を結ぶ迷路のような回廊、美しい花窓や月亮門など、明代の庭園様式を色濃く残す江南エリア屈指の名園を散策。

よえん 豫園
【ユイユアン】
MAP P13-5D3

DATA 地下鉄10号線豫園駅から徒歩5分 住安仁街132号 ☎021-6326-0830 時8時30分～17時（入園は～16時45分） 休月曜 料40元（7・8月、12～3月は30元）

1 三穂堂 三穂堂 サンスイタン

清代1760年の再建で、五穀豊穣を祈願して「三穂堂」と命名、扉には稲やトウモロコシの彫刻が施された。所有者が数回代わったことを物語る「城市山林」「霊台経始」「三穂堂」という3枚の扁額にも注目だ。

←3枚の扁額がかかる三穂堂の内部

←池と大假山に臨む楼閣

仰山堂 仰山堂 ヤンシャンタン

北側を池に面した二層の楼閣で、1階は仰山堂、2階は春雨堂と名前が異なる。外廊からは池越しに、2000トンもの武康黄石を積み上げた高さ約14mの大假山を一望できる。

3 万花楼 万花楼 ワンホアロウ

美しい曲線を描く瓦屋根や軒下の透かし彫りなど、随所に明代の様式を伝える豫園きっての名建築。明代に花神閣として建築され、清代1843年に再建。建物の正面には太湖石で造った湖石假山や、樹齢400年の大イチョウも。

←湖石假山の中央に立つ太湖石
←花や竹の透かし彫りが美しい建物

4 点春堂 点春堂 ディエンチュンタン

1820年の再建で、名前は宋代の詩人・蘇東坡の詩「翠天春妍」に由来する。太平天国の乱に呼応して武装蜂起した上海小刀会が司令部を置いた場所でもあり、堂内では関連の資料を展示。

↑上海小刀会ゆかりの建物

5 打唱台 打唱台 ダーチャンタイ

点春堂と対を成す建物で、主に歌唱の舞台として使用されたという。コンパクトながらも細部の意匠にまでこだわった優美な建築物。

↑そり返った屋根の形が秀逸な舞台

6 和煦堂 和煦堂 ホーシータン

ガジュマルで作られた奇妙な姿の椅子や机が有名な建物。ウネウネと曲がりくねった椅子は、座り心地がよいうえ、夏は涼しく、冬は暖かいのだとか。

←ガジュマルの椅子に注目

7 会景楼 会景楼 ホイジンロウ

三方を池や築山で囲まれ、園内で最も景観の美しい場所というのが名前の由来。楼内には翡翠など宝石が埋め込まれた紫檀製の大屏風が置かれている。

→木々に囲まれて立つ朱塗りの建物

↓会景楼を囲むように広がる美しい池

←池側から望む2層の楼閣

庭園の観賞ポイント

庭園散策前に、知って役立つ鑑賞のポイントを
4つのキーワードでチェック!

太湖石 タイフーシー

江蘇省の太湖から産出する石灰岩で、浸食による穴が多く、複雑な形ほど理想的。江南の多くの庭園で見られる。

月亮門 ユエリャンメン

回廊の途中に設けられた円形の門。視線を途中で遮ることにより、庭園に奥行きを感じさせる視覚効果がある。

花窓 ホアチュアン

草木や花、鳥などさまざまなデザインの透かし彫りを施した中国の伝統的な窓飾り。回廊の至る所で見られる。

龍壁 ロンビー

白壁の上に龍の頭を置き、黒瓦の波打つラインにより龍の胴体を表現した龍壁。園内には全部で5体の龍がある。

8 得月楼 得月楼 ダーユエロウ

鯉が泳ぐ美しい池を隔てて、会景楼と向き合う建物。かつて旧暦の十五夜には、この場所から池に映る月を愛でたといわれる。清代には著名画家たちによる書画善会という組織が置かれた。

9 玉華堂 玉華堂 ユィホアタン

豫園を造営した最初の所有者、潘允端が書斎とした建物。書斎の席からは正面に玉玲瓏を望むことができ、彼は日がなこの奇石を眺めていたという。堂内には紫檀の机など明代の家具が置かれ、当時の様子を再現。

↑紫檀木を使った明代の家具にも注目
←園内随一のロケーションに立つ書斎

10 玉玲瓏 玉玲瓏 ユィリンロン

玉華堂の正面に並ぶ3体の太湖石のうち、中央にあるのが江南三大名石のひとつ、玉玲瓏。72個の穴が開いた非常に複雑な姿で、中で香をたけばすべての穴から煙が立ち昇るといわれている。

→中央に立つ石が玉玲瓏で高さは3.3m

11 内園 内園 ネイユアン

↑内園の最も奥に立つ古戯台

豫園のさらに中にある小庭園。本来は城隍廟の庭園だったが、1956年に豫園と合併された。園内には大型舞台の古戯台や、迷路のように複雑に組まれた太湖石の築山がある。

福佑路

萃秀堂

蔵宝楼

池の北には高さ14mの大假山

万花楼の前は撮影スポット

④万花楼

龍壁

漸入佳境

九獅軒

④点春堂

快楼

②仰山堂

⑤打唱台

●三穂堂

豫園

②会景楼

⑥和熙堂

2つの龍壁が向かいあう

老君殿

豫園入口

チケット売場はココ

⑨玉華堂

⑧得月楼

九曲橋

●南翔饅頭店

蔵書楼

⑩一玉玲瓏

湖心亭

●豫園商城

緑波廊酒楼

豫園老街

①内園
(静観大廟)

寧波湯団店

豫園出口

上海五香豆商店

内園

ココに密かに龍壁が

饗翠亭

観濤楼

延清楼

環雲楼

豫園商城 ❶

よえんしょうじょう／豫园商城【ユィユアンシャンチャン】

古き上海の伝統工芸品&お手軽みやげ

豫園の門前街・豫園商城には、工芸品の老舗やチープなみやげ店が軒を連ね、中国テイストあふれるアイテム探しに最適。

🛍 豫園剪紙店

MAP P51B2

豫園剪紙店
【ユィユアンジェンジーディエン】

中国の民間工芸、剪紙（切り絵）の専門店。十二支や鳳凰、龍など伝統的図案のほか、パンダや毛沢東、吉祥柄をモチーフにした剪紙も。20元〜。**DATA** 🚇豫園入口から徒歩1分 🕐豫園老街1号 ⏰8時20分〜21時 ❌なし **PHOTO** 文革風のデザイン。似顔絵のオーダーも可能

🛍 王大隆刀剪店

MAP P51B1

王大隆刀剪店
【ワンダーロンダオジエンディエン】

清代中期の1798年に創業した刃物専門店で、家庭用の爪きりバサミや髭剃りから、プロ仕様の包丁まで幅広く扱う。**DATA** 🚇豫園入口から徒歩2分 🕐豫園老街28号 ☎021-2302-9146 ⏰8時30分〜21時 ❌なし **英文** **PHOTO** 上海蟹用のハサミはセットで115〜580元。本格的な中華包丁が並ぶ

🛍 麗雲閣

MAP P51B1

丽云阁
【リーユンゴー】

1888年に創業した扇の専門店で、みやげ用10元〜から紅木製の高級品まで十数種類もの品揃え。サンダルウッドの扇子は一見の価値あり。**DATA** 🚇豫園から徒歩2分 🕐豫園老街39号 ☎021-2302-9130 ⏰8時30分〜21時（金・土曜は〜22時）❌なし **PHOTO** 花模様が美しい女性用の扇48元〜

🛍 上海五香豆商店

MAP P51B2

上海五香豆商店
【シャンハイウーシアンドウシャンディエン】

豫園名物の五香豆とは、炒った空豆を塩や香辛料で味付けしたもので、お酒のつまみに人気。1袋220g入りで15元。**DATA** 🚇豫園入口から徒歩2分 🕐豫園路104号 ☎021-6355-9999 ⏰8時30分〜21時 ❌なし **PHOTO** 五香豆は昔ながらの素朴な味。硬いので注意。中国らしいお菓子も豊富に揃う

🛍 譚木匠

MAP P51A1

谭木匠
【タンムウジアン】

月ごとに異なる12種類の花をあしらった櫛と鏡のセットは138元、コンパクトミラー98元。**DATA** 🚇豫園から徒歩2分 🕐t☎021-5108-3525 ⏰9〜21時 ❌なし **英文**

上海筷子店
MAP P51B1

上海筷子店
【シャンハイクアイズディエン】

白檀や黒檀、竹、銀など多彩な材質の箸、約600種類が揃う箸の専門店。 DATA ❷豫園入口から徒歩2分 ❸豫園老街37号 ❺021-2302-9111 ⏰8時30分～21時 ❌なし 英文

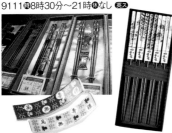

童涵春堂
MAP P51B1

童涵春堂
【ドンハンチュンタン】

1783年創業の漢方薬の老舗で、1階には中国コスメ、サプリメントのコーナーあり。 DATA ❷豫園から徒歩2分 ❸豫園新路20号 ❺021-6355-0308 ⏰8時30分～21時 ❌なし

まだまだ！

in 豫園商城

豫園商城には小籠包や上海料理の老舗、風情ある茶館など、古きよき中国を感じさせるグルメスポットがいっぱい。

緑波廊酒楼
MAP P51B2
緑波廊酒楼
【リュボーランジウロウ】

クリントン大統領などの国賓クラスも訪れる、400年以上の歴史をもつ上海料理の有名店。小籠包60元をはじめ点心類に定評がある。**DATA** 豫園入口から徒歩2分 豫園路115号 021-6328-0602 11～14時、17時～20時30分 なし 英ス 英ス **PHOTO** 豫園商城の中央、池の畔に立つ

寧波湯団店
MAP P51B2
宁波汤团店
【ニンボータントゥアンディエン】

黒胡麻餡の白玉団子を、甘く温かいスープに浮かべた寧波湯團8個入り16元。**DATA** 豫園入口から徒歩2分 福佑路238号 021-6373-9458 8時30分～21時 なし

城隍廟
MAP P51C3
城隍庙
【チョンホアンミアオ】

明代の永楽年間(1403～24)に創設された道教寺院。現在も土地の守り神として厚い信仰を集める。**DATA** 豫園から徒歩2分 方浜中路249号 021-6328-4494 8時30分～16時30分 なし 10元

相爺府茶楼
MAP P51C3
相爷府茶楼
【シャンイエフーチャーロウ】

豫園商城南側のビル内にある明清代をイメージしたレトロな茶館。**DATA** 豫園から徒歩2分 方浜中路235号豫業閣4階 021-5877-7797 13～22時 なし 英ス **PHOTO** 茶芸師による茶芸も見られる

南翔饅頭店
MAP P51B2
南翔馒头店
【ナンシアンマントウディエン】

清代末に創業した小籠包の老舗。テイクアウト窓口は別棟にあるので注意。**DATA** 豫園入口から徒歩1分 豫園老街85号 021-6355-4206 8～21時(テイクアウトは10～21時) なし 日ス 英ス 日ス 英ス **PHOTO** 蟹粉小籠12個入り25元。テイクアウト用の窓口には常に行列が

春風松月楼
MAP P51A2
春风松月楼
【チュンフォンソンユエロウ】

精進料理の老舗で、創業は1910年。1階は麺類中心の軽食コーナーで、金牌麺筋麺15元。**DATA** 豫園から徒歩2分 旧校場路99号 021-6355-3630 7～21時 なし

沉香閣
MAP P51A1
沉香阁
【チェンシアンゴー】

豫園を造営した明代の役人・潘允端が祖先を祭るために建てた廟。こぢんまりした庶民的な寺。**DATA** 豫園入口から徒歩3分 沉香閣路29号 021-6320-3431 7～16時 なし 10元

和豊楼
MAP P51B3
和丰楼
【ホーフォンロウ】

上海、北京、広東など中国各地の約300種のグルメが揃うフードコート。**DATA** M10号線豫園駅から徒歩5分 文昌路10号 021-6355-7878 8時30分～21時(金・土曜は～22時) なし

だいたい10分
from 豫園商城

豫園商城の南側を東西に続く上海老街には、シルクや書画、水晶、骨董品など多彩な店が軒を連ね、小さな小吃店も点在。

西施豆腐坊
MAP
P135C3

西施豆腐坊
【シーシードウフファン】

豆腐花や臭豆腐など豆腐系小吃の店。砂糖水と小豆餡をかける紅豆豆花は10元。**DATA** ❸豫園入口から徒歩6分❸方浜中路454号❸021-5383-1733❸8時～18時30分（木・土・日曜は6時30分～）❸なし

薛記葫芦
MAP
P51A3

薛記葫芦
【シュエジーフウルウ】

干支のヒョウタン飾りやお酒を入れられるヒョウタン水筒などが揃う。店先では店主でもある職人が民芸品を作る様子を見学できる。**DATA** ❸Ⓜ10号線豫園駅から徒歩8分❸方浜中路376弄6号❸138-1776-0849❸12～17時❸不定休 **PHOTO** 作業場兼店舗。70歳のベテラン職人に会える

福祐工芸品市場
MAP
P135C3

福祐工芸品市場
【フーヨウゴンイーピンシーチャン】

蔵寶樓という明清代風建築の雑居ビル内にあり、各フロアに翡翠や水晶のアクセサリー、置物、アンティーク、木工芸品などを販売する小さなブースがズラリと並ぶ。**DATA** ❸豫園入口から徒歩6分❸方浜中路457号❸店舗により異なる❸9～18時❸なし ❸ **PHOTO** 明るい雰囲気の店内

銀杏樹下的守芸人
MAP
P51B3

銀杏樹的守芸人
【インシンシュウシアドショウイーレン】

中国国内のデザイナーによる雑貨を扱う。茶器、文具、工芸品などのほか、オールド上海をイメージした小物も豊富。**DATA** ❸豫園入口から徒歩5分❸文昌路24号–32店舗❸136-1166-2258❸9～21時❸なし ❸ **PHOTO** 若手デザイナーによる茶器が揃う

上海老酒
MAP
P51B1

上海老酒
【シャンハイラオジウ】

紹興酒や果実酒を量り売りする。陶磁器やひょうたんなど、中国らしい容器に入れてくれるので贈り物におすすめ。**DATA** ❸豫園入口から徒歩5分❸豫園老街7号❸178-0755-2312❸8時30分～21時30分❸なし **PHOTO** 値段は500mlで98元～。容器を持参してもよい

白雲観
MAP
P134B3

白云观
【バイユングアン】

清代末に創建された道教寺院で、2005年に現在地に移転。80数体の神像を安置。**DATA** ❸Ⓜ10号線豫園駅から徒歩5分❸大境路239号❸021-6328-7236❸8時～16時30分❸なし❸5元

大境閣
MAP
P134B3

大境阁
【ダージンゴー】

清代中期、倭寇の襲撃に備えて建造された全長4.5kmの城壁のうち、現存する唯一の遺構。**DATA** ❸Ⓜ10号線豫園駅から徒歩5分❸大境路239号❸021-6326-6171❸8～16時❸なし❸5元

南京西路

なんきんせいろ／南京西路【ナンジンシールウ】

人気デパートの梅龍鎮伊勢丹 　　高級ショッピングモール・プラザ66 　　美しい瑠璃ガラス工芸品のショップ

高級百貨店が並ぶ
ハイソな通り

人民公園から静安寺に至る約2.5kmが南京西路。東側の人民公園周辺には、美術館や劇場など文化施設が集まり、公園で過ごすお年寄りや家族連れの姿も多く見られる。南京西路駅から西側には、人気海外ブランドを擁するショッピング・センターや高級百貨店、一流ホテルが立ち並びハイソな雰囲気に。中国料理の名店が多いほか、庶民的な小吃店もあり、グルメ派も満足のエリアだ。

最寄り駅は地下鉄2・12・13号線南京西路駅、または1・2・8号線人民広場駅

タビトモ的 Best 3

1. 個性派ショップ
プラザ66、梅龍鎮伊勢丹などでリッチなショッピングを楽しもう➡ **P56**

2. 地元で人気の名店
地元&旅行者の両方から人気のある上海料理や四川料理の名レストランやバーへ➡ **P58**

3. 人民公園を散策
緑豊かな市民のオアシス。周辺には美術館や博物館などみどころが多い➡ **P57**

マチ読みグラフ

観光度
ショップ度
グルメ度
リラックス度
カルチャー度
オトナ度

アドバイス 百貨店方面へは南京西路駅の1番出口、呉江路へは2番や4番出口が便利

外国人ビジネスマンも行き交うおしゃれエリア

「南京西路」のオススメ教えてください

呉江路の屋台街が南京西路駅の上にリニューアルしました（ショップ店員）

人民公園の地下にある華盛街購物中心には小さな店が並んでます（飲食店スタッフ）

人気のレストランはプラザ66や中信泰富広場などに多いですね（飲食店スタッフ）

エリアウォッチ密着24h

6:00 人民公園では早朝から太極拳やダンスを練習する人が多い

7:00 出勤の通行人が増えるが観光客はまばら

8:00

9:00

10:00 百貨店やショップのオープン時間

11:00 レストランが営業スタート

12:00 ランチタイムは地元客で賑わう

13:00

14:00 午後の休憩に入るレストランが多いので注意

15:00 呉江路休閑街が賑わう時間帯

16:00 ディナー営業スタート。帰宅途中の地元OLやビジネスマンが増える

17:00

18:00 小吃店やファストフード店でくつろぐ若者も

19:00

20:00 百貨店の閉店時間。銅仁路のバー街が賑わいはじめる

南京西路沿いにある上海商城劇院ではハイレベルな上海雑技が鑑賞できる。19時に入場開始、19時30分に開演となる

21:00 地下鉄2号線の南京西路駅での終電時間は、浦東方面が22時、中山公園駅方面が23時32分、12号線は天潼路方面が23時04分、龍華方面が23時13分、13号線は新天地方面が23時04分、長寿路方面が23時12分

22:00

23:00

南京西路 ①

なんきんせいろ／南京西路【ナンジンシールゥ】

個性派ショップ、海外ブランド、百貨店めぐり

高級ショッピング・センターや外資系デパートが立ち並ぶほか、スポーツ系や貴金属ブランドなど路面店も充実。

🛍 興業太古匯 [MAP P56C1]

兴业太古汇
【シンイエタイグウフェイ】

地上4階、地下2階建てのショッピングモール。話題のメーカーのショールームや斬新なレストラン、ショップが多数入る。地下スーパーの品揃えも充実している。**DATA** 🚇Ⓜ2・12・13号線南京西路駅から徒歩2分🏠南京西路789号☎021-5275-8888🕐10〜22時🈲なし

🛍 梅龍鎮伊勢丹 [MAP P56B1]

梅龙镇伊势丹
【メイロンジェンイーシーダン】

伊勢丹と梅龍鎮酒家（→P59）の合弁百貨店で地下1階、地上7階建て。1階のコスメブースには約25の化粧品ブランドが揃い、上海でも最高水準と評判だ。**DATA** 🚇Ⓜ2・12・13号線南京西路駅から徒歩3分🏠南京西路1038号☎021-6272-1111🕐10時〜21時30分🈲なし 🈡🇯

🛍 Reel芮欧百貨 [MAP P132B3]

Reel芮欧百货
【リール ルイオウバイフオ】

欧米ブランドが集まる高級ショッピングモール。なかでも地下のフードコートがおすすめ。**DATA** 🚇Ⓜ2・7号線静安寺駅から徒歩すぐ🏠南京西路1601号☎021-2230-9788🕐10〜22時🈲なし

🛍 静安ケリーセンター [MAP P132B3]

静安嘉里中心
【ジンアンジアリージョンシン】

ファッション、雑貨など多彩な店が集まる高級モール。小籠包の鼎泰豊もある。**DATA** 🚇Ⓜ2・7号線静安寺駅直結🏠南京西路1515号☎021-6025-7511🕐10〜22時🈲なし

周辺マップは P133

景徳鎮藝術瓷器

景徳鎮艺术瓷器
【ジンダージェンイーシューツーチイ】
磁器の産地、景徳鎮の製品を扱う国営店。 **DATA**
文M2号線南京西路駅から徒歩5分**住**陝西北路
212号**☎**021-6253-8865**時**10〜21時**休**なし **日文**
PHOTO国章入りカップ&ソーサー4客セット1090元

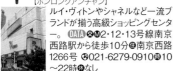

プラザ66

Plaza 66 恒隆广场
【ホンロングアンチャン】
ルイ・ヴィトンやシャネルなど一流ブ
ランドが揃う高級ショッピングセンタ
ー。 **DATA** **文M**2・12・13号線南京
西路駅から徒歩10分**住**南京西路
1266号**☎**021-6279-0910**時**10
〜22時**休**なし

中信泰富広場

Map
P56B2

中信泰富广场
【ジョンシンタイフーグアンチャン】
ジル・サンダー、クロエなどのヨーロ
ピアンブランドを中心に約80のショ
ップが集まる。 **DATA** **文M**2・12・13
号線南京西路駅から徒歩7分**住**南
京 西 路1168号 **☎**021-6218-
0180**時**10〜22時**休**なし **英文**

微熱山丘

Map
P56B1

微热山丘 Sunny Hills
【ウェイルーシャンチウ】
台湾系パイナップルケーキ専門店
が経営する中国茶カフェ。 **DATA** **文**
M2・12・13号 線 南 京 西路駅から
徒歩3分**住**石門一路288号兴业
太 古 汇3楼L381 **☎**021-6236-
3319**時**10〜22時**休**なし **英文**

コチラもチェック!

人民公園と
周辺のみどころ

人民公園周辺には上海の主要文化スポットが集
中。

人民公園 **MAPP57F2**

人民公园【レンミンゴンユアン】

DATA **文M**1・2・8号線人民広場駅
から徒歩すぐ**住**南京西路231号**☎**021-6327-
1333**時**9〜17時(金〜日曜は〜21時)**休**なし**料**無料

上海当代芸術館 **MAPP57F2**

上海当代艺术馆【シャンハイダンダイイーシューグァン】

DATA **文M**1・2・8号線人民広場駅
から徒歩8分**住**南京西路231号人民公園内**☎**021-
6327-9900**時**10〜18時(金・土曜は9〜19時)**休**
展示入れ替え期間**料**展示内容により異なる

上海城市規画展示館 **MAPP57F2**

上海城市规划展示馆【シャンハイチョンシージィホアジャンシーグァン】

DATA **文M**1・2・8号線人民広場駅
から徒 歩3分**住**人民大道100号**☎**021-6318-
4477**時**9〜17時(入館は〜16時)**休**月曜(祝日の場
合は開館)**料**30元

南京西路 ②

なんきんせいろ／南京西路【ナンジンシールウ】

地元御用達!
人気レストランが集結

上海を代表する老舗からモダンな新鋭レストランやバーまで、ハイレベルな飲食店が集まるエリア。

☾ バー・コンステレーション
MAP P58C1

酒池星座 Bar Constellation
【ジウチーシンズオ】

ランチやアフタヌーンティーを提供する新しいスタイルのウイスキーバー。和洋ミックスの創作料理と、一流バーテンダーによるウイスキーやカクテルとのペアリングが楽しめる。**DATA** 🚇M2・12・13号線南京西路駅から徒歩3分 ⊕石門一路288号興業太古匯1階L161☎021-5757-9959 ⊕11時30分〜翌2時 ⊕なし 英📖 英📋

☾ グース・アイランド
MAP P58B2

鵝島精醸啤酒吧 Goose Island
【オーダオジンニャンピージウバー】

米シカゴ発のクラフトビールメーカーが経営。店内に醸造室があり、できたての生ビールを楽しむことができる。カウンター内にガチョウのオブジェ付きサーバーが並ぶ様子は壮観。**DATA** 🚇M2・12・13号線南京西路駅から徒歩3分 ⊕茂名北路209号 ☎021-6219-0268 ⊕11時30分〜24時 ⊕なし 英📖 英📋

🍴 小鷺鷥酒家
MAP P132B3

小鷺鷥酒家
【シャオルールージウジア】

地元で人気の上海料理店。**DATA** 🚇M2・7号線静安寺駅から徒歩5分 ⊕延安中路901号 ☎021-3222-0212 ⊕11時30分〜14時、17時〜翌2時 ⊕なし 英📖 英📋 **PHOTO** スペアリブの甘酢煮込み・糖醋小排69元

周辺マップは P133

南京西路…地元御用達の人気レストラン

梅龍鎮酒家
MAP P58B2
梅龙镇酒家
【メイロンジェンジウジア】
1938年の創業で、国内外のVIPも来店。**DATA** ✆
Ⓜ2・12・13号線南京西路駅から徒歩5分🚇南京西
路1081弄22号☎021-6253-5353⏰11〜21時❷
なし 英✕ **PHOTO** 中国風の門構え。定番人気の干
焼明蝦1尾120元

王家沙
MAP P58C1
王家沙
【ワンジアシャ】

1930年創業の上海点心の老舗。1〜3階では
メニュー、営業時間、価格が異なるので注意。
DATA ✉✆Ⓜ2・12・13号線南京西路駅から徒歩1
分🚇南京西路805号☎021-6253-0404⏰7
時〜20時30分（2階は11時〜）❷なし **PHOTO** 王
中王塩焗鶏32元、精製蟹粉小籠28元（4個）。
2階はテーブル席

功徳林
MAP P59E2
功徳林
【ゴンダーリン】

精進料理の有名店で、創業は1922年。肉や魚、
卵などを一切使わず作る、繊細で旨みあふれる
料理が特徴。**DATA** ✉✆Ⓜ1・2・8号線人民広場駅
から徒歩5分🚇南京西路445号☎021-6327-
0218⏰7時30分〜20時❷なし 英✕ **PHOTO** 黄油
蟹粉32元

蘇浙匯
MAP P59E2
苏浙汇
【スージョーホイ】
市内に12店舗ある人気の上海料理店。**DATA** ✆
Ⓜ1・2・8号線人民広場駅から徒歩3分🚇南京西路
288号上海廖創興金融中心3階☎021-3366-
3777⏰11〜22時❷なし 英✕ 英✕ **PHOTO** 樟茶鴨1
人前88元など

小吃って何?

小吃とは中国語で軽食、おやつの意味。日本でおなじみの中華まんやシュウマイなど粉モノ系をはじめ、麺類、串焼きなども含む。

牛肉餡餅 9元 **B**
スパイシーな牛肉と長ネギあんを小麦粉の皮で包んで揚げた中国北方のおやつ

排骨年糕 13元 **A**
骨付きポークリブの唐揚げに中国版の餅、年糕を添えた人気メニュー。甘口の醤油ダレが絶妙

蟹黄魚丸 8元 **A**
あっさりスープに浮かぶのは、蟹ミソと蟹肉を包んだフワフワ&トロトロの団子

鮮得来

三絲春巻 10元 **A**
白菜、シイタケ、豚ひき肉を包んでサクサクに揚げた春巻

安ウマ 小吃 &

シャオチー

地元っ子で賑わう小吃&スイーツの人気店を訪れ、中国版B級グルメの小吃や各地の名物スイーツを味わおう。

大餅巻肉 18元 **B**
クレープ状の皮で牛肉とキュウリを巻いたもの。甘いタレで味わう

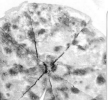

蟹黄大湯包 15元 **A**
巨大な小籠包のような見た目で、中には濃厚な蟹ミソスープ入り。穴を開けてストローで飲む
●泰康湯包館 ➡P30

葱油餅 **B** 16元
たっぷりの刻みネギを入れて焼いた中国北方の伝統的なおやつ

黄金菜饅頭 5元
青菜とみじん切りの干し豆腐を炒めたあんがぎっしり入っている
●包仔菜包➡P31

ここで買える!

A 人民広場周辺 MAP P134B2

鮮得来
鮮得来 シエンダーライ

美食街の雲南路に立つ老舗の小吃店で創業は1921年。看板メニューの排骨年糕のほか三絲春巻10元、蟹黄魚丸8元もおすすめ。

🚇 Ⓜ8号線大世界駅から徒歩2分
🏠云南南路36号
☎021-6326-1284
🕐7〜22時
休なし

B 田子坊周辺 MAP P129D3

楚楚園餡餅粥
楚楚園餡餅粥 チュチュユアンシエンビンジョウ

粉モノ系の軽食から粥、スイーツまで豊富なメニューを揃える台湾系の小吃レストラン。モチモチ食感の刀削麺も人気だ。

🚇 Ⓜ9号線打浦橋駅から徒歩すぐ
🏠徐家匯路618号日月光中心B2楼RJ12室
☎021-6093-8235
🕐11〜22時 休なし

金団 3元
甘さ控えめのきな粉あん
を包んだ餅菓子。大福の
ようなモチモチ食感
●沈大成➡P30

細沙條頭糕
3元(1本)
小豆のこしあんを
餅で筒条にくるん
だ伝統的な餅菓子
●沈大成➡P30

酸奶菜菜
31元
酸奶(ヨーグルト)にメ
ロンやキウイ、各種ナッ
ツをトッピング
●寶珠酒釀酸奶➡P83

秋季無花果法式吐司
48元 D
イチジクのフレンチトースト。セ
ンスあふれる盛り付けにも注目

鮮雑果涼粉 35元 C
マンゴーソースの中には南国フルー
ツやココナッツの果実、亀ゼリーが

スイーツ

白雪黒珍珠
31元 C
バニラソースに
南国フルーツと
たっぷりのバジ
ルシード入り

芒果白雪黒糯米甜甜
31元 C
たっぷりの黒もち米と
フレッシュなマンゴー
のバニラソースがけ

富士山抹茶小丘
38元 D
ふわふわの塩生ク
リームが乗った抹
茶シフォンケーキ

C 南京西路周辺
MAP P132A3

満記甜品

満記甜品 マンジーティエンピン

香港が拠点の南国フ
ルーツ系スイーツの人
気チェーン。タピオカや
バジルシード入りのもち
もちしたスイーツ、マン
ゴープリンもおすすめ。

 🚇M2・7号線静安寺駅
から徒歩3分 🏠万航渡路72号
📞021-6256-1921
🕐10～23時 🈺なし
日メ 英ス 英メ

D 衡山路周辺
MAP P128A2

ファイン

Fine

SNS映えするオリジナ
ルスイーツが人気のカ
フェ。アットホームで手
作り感満点の雰囲気
が受け、休日は若い女
性たちの行列ができる。

 🚇M1・7号線常熟路駅
から徒歩8分 🏠烏魯木
斉中路192号 📞186-
2177-2280 🕐8～20時
🈺旧正月期間の1週間
英ス 英メ

浦東

ほとう／浦东【プゥドン】

高層ビルが立ち並ぶ浦東・陸家嘴エリア

SF映画風の近未来都市

21世紀を象徴する
ビジネス街

"浦東" とは黄浦江の東側を指し、陸家嘴エリアを中心に中国随一の**金融貿易区**として急速に発展中。上海のシンボルタワー・**東方明珠**をはじめ、ユニークな姿をした高層のオフィスビルが林立し、国際レベルの**高級ホテル**やおしゃれなダイニングも次々とオープン。河畔のプロムナードには展望自慢のカフェやバーが点在し、**外灘を一望**する絶好のスポットとして賑わっている。

地下鉄2号線 陸家嘴駅から徒歩5～20分

タビトモ的 Best 3

1. 超高層タワーに上る
東方明珠、上海ワールド・フィナンシャル・センター、金茂大廈、上海タワーの展望台へ➡**P12**

2. 爽快リバーサイド
河畔に続くプロムナードから外灘の歴史建築を一望。夜景ウォッチもオススメ➡**P15**

3. 景観自慢のダイニング
正大広場や濱江大道などにある、リバービュー自慢のレストラン&カフェへ➡**P66**

マチ読みグラフ

観光度
ショップ度
グルメ度
リラックス度
カルチャー度
オトナ度

アドバイス 東方明珠へは陸家嘴駅1番出口、上海ワールド・フィナンシャル・センターは5・6番出口が近い

上海ワールド・フィナンシャル・センターからの夜景

「浦東」のオススメ教えてください

高層ビルから見る上海の大パノラマは必見ですよ 王秋珪さん(展望フロア係)

春から秋の晴れた日には河畔にあるオープンテラスが気持ちいいですね 塩原泰さん(飲食店シェフ)

ライトアップされた外灘や遊覧船を見ながらディナー(飲食店スタッフ)

エリアウォッチ密着24h

リバーサイドで散歩やジョギングする人も

6:00 スターバックスが営業スタート

7:00

8:00 オフィス街が通勤の人々で賑わいだす。4大タワーの展望台は8時台からオープン

水族館などの観光施設が開館 **9:00**

正大広場が営業スタート **10:00**

11:00 レストランの多くがオープン

12:00

午後の休憩に入るレストランがあるので注意。河畔のプロムナードでくつろぐ人々も **13:00** オフィスがランチタイムに入り、レストランやカフェも混雑する時間

14:00

15:00

16:00

17:00 ディナー営業スタート。夕暮れ時の濱江大道もロマンチック

東方明珠のライトアップ開始(季節により時間が異なる)。外灘のライトアップも美しい **18:00**

19:00

20:00

21:00

正大広場の閉館時間。レストランも21～23時にクローズ。ライトアップも終了 **22:00** 地下鉄2号線の陸家嘴駅での終電時間は、人民広場駅方面が23時24分、世紀大道駅方面が22時08分

23:00

浦東❶

ほとう／浦東【ブゥドン】

プチ観光&絶景ポイント
浦東を遊ぼう

高層ビルが林立するオフィス街、浦東・陸家嘴エリアは、ビュースポットや観光施設が集まる上海きっての行楽エリアだ。

上海海洋水族館 `MAP P64B1`

上海海洋水族館
【シャンハイハイヤンシュイズゥグアン】
アジア最大規模を誇る水族館。`DATA` 🚇M2号線陸家嘴駅から徒歩5分🏠陆家嘴环路1388号☎021-5877-9988🕒9〜18時🈳なし💰160元（子供は110元、身長100㎝以下は無料）`PHOTO`
155mのトンネル水槽

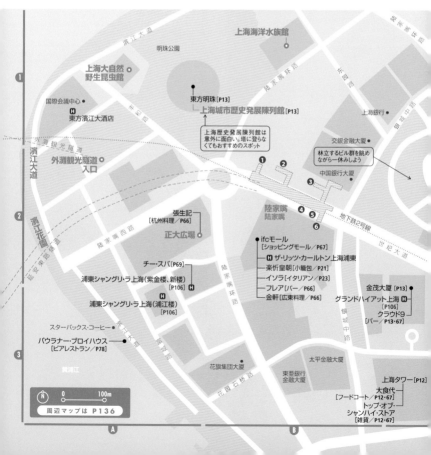

上海海洋水族館

明珠公園

上海大自然
野生昆虫館

国際会議中心 ●
●東方濱江大酒店

東方明珠[P13]
上海城市歴史発展陳列館[P13]

上海歴史発展陳列館は意外に面白い。塔に登らなくてもおすすめのスポット

上海銀行 ●

交銀金融大厦 ●

林立するビル群を眺めながら一休みしよう

濱江大道

外灘観光隧道 ●
入口

❶ ❷
❸
中国銀行大厦 ●

張生記
[杭州料理／P66]

陸家嘴
陆家嘴
❹❺
❻

地下鉄2号線

正大広場

ifcモール
[ショッピングモール／P67]
ザ・リッツ・カールトン上海浦東
楽忻皇朝[小籠包／P21]
イソラ[イタリアン／P23]
フレア[バー／P66]
金軒[広東料理／P66]

チー・スパ[P69]

浦東シャングリ・ラ上海（紫金楼、新楼）
[P106]H

浦東シャングリ・ラ上海（浦江楼）
[P106]

金茂大厦[P13]
グランドハイアット上海H
[P106]
クラウド9
[バー／P13・67]

スターバックス・コーヒー ●

バウラナー・ブロイハウス
[ビアレストラン／P78]

花旗集団大厦

太平金融大厦

東亜銀行
金融大厦

上海タワー[P12]
大食代
[フードコート／P12・67]
トップ・オブ・
シャンハイ・ストア
[雑貨／P12・67]

N 0 100m
周辺マップは P136

コチラもどうぞ
浦東の夜景ウォッチング

浦東エリアの夜景スポットといえば、4大タワー（→P12）以外に濱江花園がおすすめ。対岸にはライトアップされた外灘の歴史建築物群、振り返れば東方明珠や河畔のビル群が一望できる。リバーサイドに並ぶ展望抜群のカフェやバーで、ゆっくり上海の夜を楽しむのもよい。

PHOTO 黄浦江越しに望む外灘の洋館。東方明珠と国際会議中心

正大広場 **MAP P64A2**

正大广场
【ジョンダーグアンチャン】
ZARA、H&M、GAPなど、カジュアル系ブランド充実の巨大ショッピングモール。**DATA** 交M2号線陸家嘴駅から徒歩3分 住陸家嘴西路168号 ☎021-1845-8887 時10～22時 休なし

濱江花園・濱江大道 **MAP P64A2~3**

滨江花园・滨江大道
【ビンジアンホアユアン・ビンジアンダーダオ】
黄浦江沿いに整備された緑地公園＆プロムナード。外灘の歴史建築物群と浦東の高層ビルが一望できる。**DATA** 交M2号線陸家嘴駅から徒歩5分 時休入場自由

外灘観光隧道 **MAP P64A2**

外滩观光隧道
【ワイタングアングアンスイダオ】
浦東-外灘間を無人トロリーで移動。**DATA** 交M2号線陸家嘴駅から徒歩5分 ☎021-5888-6000 時6～22時（金・土曜は～22時30分）休なし 料片道50元（身長100～140cmの子どもは半額）

陸家嘴中心緑地 **MAP P65C2**

陆家嘴中心绿地
【ルージアズオイジョンシンリュティ】
金茂大厦や上海環球金融中心など浦東の著名ビルに囲まれた、10万㎡の緑地公園。**DATA** 交M2号線陸家嘴駅から徒歩3分 時5～21時（7～10月は～22時）休なし 料無料

上海大自然野生昆虫館 **MAP P64A1**

上海大自然野生昆虫馆
【シャンハイダーズーランイエションクンチョウグアン】
世界の珍しい昆虫や蝶、小動物などを飼育。**DATA** 交M2号線陸家嘴駅から徒歩5分 住丰和路1号 ☎021-5840-5921 時9～17時（金～日曜は～17時30分）休なし 料78元（子ども58元、身長80cm以下無料）

上海城市歴史発展陳列館 **MAP P64A1**

上海城市历史发展陈列馆
【シャンハイチョンシーリーシーファジャンチェンリエグアン】
租界時代を中心に上海史をビジュアルで学べる。**DATA** 交M2号線陸家嘴駅から徒歩3分 住東方明珠塔地下1階 ☎021-5879-1888 時8～21時 休なし 料35元

●恒生銀行
華能連合大厦●
陸家嘴環路
陸家嘴中心緑地
陸家嘴東路
●上海ワールド・フィナンシャル・センター[P13]
─倚江南SWFC店[四川料理／P13・66]
─100センチュリー・アヴェニュー[レストラン／P13・67]
─Hパークハイアット上海[P13・106]
─観光庁（展望台入口）
─愛玲[上海料理／P66]

まだまだ！

in 浦東

大型ショッピングセンターの正大広場や
リバーサイドの濱江大道には、展望抜群
のレストランやカフェがいっぱい。

愛玲
MAP P65C3

愛玲 Eileen
【アイリン】

上海の近代女流作家・張愛玲の世界をイメージ
した、華やかな上海料理が楽しめる。モダンに
アレンジされた紅焼肉、上海蟹料理などが地元
の若い女性に人気。高級ラウンジのようなゴー
ジャスな店内もみどころ。DATA ❷M2号線 東昌
路駅から徒歩10分❸世紀大道100号上海ワー
ルド・フィナンシャル・センター（→P13）
021-5757-7717⏰11〜14時、17〜22時❷な
し 英文 日文 英文 PHOTO 手前は紅焼肉配薬飯糕
79元

フレア
MAP P64B2

FLAIR
【フレア】

ザ・リッツ・カールトン上海浦東58階のバー。テラ
ス席からは陸家嘴の絶景を見渡せる。DATA ❷
M1号線陸家嘴駅から徒歩8分❸世紀大道8号
❹ザ・リッツ・カールトン上海浦東58階❺
021-2020-1717⏰17時30分〜翌2時（金〜日
曜は14時〜16時30分も営業）❷なし 英文 英文
PHOTO 人気のテラス席は宿泊客のみ予約可能

張生記
MAP P64A2

张生记
【ジャンションジィ】

杭州料理の有名店で、淡水魚や龍井茶を用い
た名物料理が揃う。酒粕で蒸し上げた伝統料
理の古法蒸鱒魚は328元。DATA ❷M2号線陸
家嘴駅から徒歩5分❸陆家嘴西路168号 正大
广场6階❺021-5047-6889⏰11〜14時、17
〜21時❷なし 英文 英文 PHOTO 東坡肉1人前25
元。外灘を一望する個室もある

俏江南SWFC店
MAP P65C3

俏江南 SWFC店
【チアオジアンナンSWFCディエン】

本場の食材を毎日空輸する、こだわりの四川料
理店。店内のインテリアもモダンで洗練された雰
囲気。DATA ❷M2号線陸家嘴駅から徒歩10分
❸世紀大道100号上海ワールド・フィナンシ
ャル・センター（→P13）3階❺021-6877-
6299⏰11〜14時、17時〜21時30分❷なし
英文 英文 PHOTO 陳麻婆豆腐48元

金軒
MAP P64B2

金轩
【ジンシュエン】

ザ・リッツカールトン上海浦東の53階にあるダイニ
ング。パープル×ゴールドを基調にした天井の高
いゴージャスな空間。伝統をベースに、新感覚
広東料理を提供。DATA ❷M2号線陸家嘴駅か
ら徒歩5分❸世紀大道8号❹ザ・リッツカール
トン上海浦東53階❺021-2020-1768⏰11時
30分〜14時、17時30分〜22時❷なし 英文 英文

100センチュリー・アヴェニュー

MAP P65C3

100 Century Avenue

パークハイアット上海（→P106）のメインダイニング。91〜93階に位置し、ガラス張りの開放的な店内からは浦東の高層ビルや東方明珠を眼下に望む。フロアに中華や洋食、寿司のオープンキッチンが設けられ、トップシェフが腕をふるう。窓際の席およびディナーは要予約。 **DATA** 🚇M2号線陸家嘴駅から徒歩10分 🏨パークハイアット上海91〜93階☎021-6888-1234🕐11時30分〜14時30分、17時30分〜22時30分（92階バーは18時〜翌1時、土曜は〜翌2時。日曜休み）🈂なし 英メ 英M **PHOTO** 眼下に高層ビルを望み、見晴らしも楽しめるレストラン。寿司、四川料理などのほか、世界各地のオイスターも揃う

ifcモール

MAP P64B2

国金中心商場
【グオジンジョンシンシャンチャン】

ルイ・ヴィトンやカルティエなど一流ブランドから日系のカジュアルファッションまで幅広いショップが並ぶ人気モール。レストランやスイーツ店も充実している。 **DATA** 🚇M2号線陸家嘴駅からすぐ 🏨世紀大道8号☎021-2020-7000🕐10〜22時🈂なし

トップ・オブ・シャンハイ・ストア

MAP P64C3

TOP of SHANGHAI Store　上海之顔品牌店
【シャンハイヂーディエンピンパイディエン】

 上海タワーにあるギフトショップ。 **DATA** 🚇M1号線陸家嘴駅から徒歩10分 🏨陸家嘴環路479号上海タワー（上海中心大厦→P12）地下2階☎021-2065-6820🕐8時30分〜22時🈂なし 英メ

クラウド9

MAP P64C3

Cloud 9 九重天酒廊
【ジウジョンティエンジウラン】

 地上87階からの夜景が楽しめるバー。 **DATA** 🚇M2号線陸家嘴駅から徒歩12分 🏨世紀大道88号 金茂大厦87階☎021-5049-1234（代表）🕐17時〜翌1時（曜日により変更あり）🈂なし 英メ 英M

大食代

MAP P64C3

大食代
【ダーシーダイ】

コロニアル風の店舗デザインがおしゃれなフードコート。小籠包などの上海名物から東南アジア料理、さぬきうどんまで楽しめる。 **DATA** 🚇M1号線陸家嘴駅から徒歩10分 🏨陸家嘴環路479号上海タワー（上海中心大厦→P12）地下2階🕐10〜21時🈂なし 英メ

宏豪 浦江一号

MAP P136B2

宏豪 浦江一号
【ホンハオ プウジャンイーハオ】

黄浦江河畔の元灯台を使用したレストランで、外灘を遠望する景観と洗練されたモダン広東料理が自慢。個室は要予約。 **DATA** 🚇M9号線商城路駅から徒歩10分 🏨浜江大道3788号☎021-5876-7217🕐10〜23時（21時45分LO）🈂なし **PHOTO** スッポン料理の中華野生龞398元〜（重さで異なる）

魅惑のキレイ&癒しスポット

中国伝統の美容・健康法と、西洋のエステ技術を融合したスパやエステが集まる上海。洗練された空間とサービス卓越した技に身をまかせ、極上のひとときを過ごそう。

外灘 **ウィロー・ストリーム・スパ** Willow Stream Spa MAP▶P41A2
翡柳溪　　ウェイリウシー

落ち着いた大人のスパ

天然植物性ハーブを取り入れたケアほか、ストレス解消、エイジングケアなど各種トリートメントが受けられる。

DATA 交 M 2・10号線 南京東路駅から徒歩5分 住 南京東路20号 H フェアモント・ピース・ホテル(→P104)1階 電 021-6321-6888 時 10〜23時 休 なし 要予約 英メ 英ス

人気のメニュー
ファインド・ユア・エナジー・マッサージ
880元/60分

館内は上品で落ち着いたインテリア

全11室の個室のうち2室がカップルで利用可

外灘 **ザ・ペニンシュラ・スパ・バイ・エスパ** The Peninsula Spa by ESPA
半島水疗中心 バンダオシュイリアオションシン MAP▶P41A1

ESPAの製品を肌で体感

クラシカルな空間に7つのトリートメント室と2つのスイートがあり、世界的に有名な英国スパブランドESPAの施術が受けられる。

DATA 交 M 2・10号線南京東路駅から徒歩10分 住 中山東一路32号 H ザ・ペニンシュラ上海(→P104)3階 電 021-2327-6599 時 11〜24時(土・日曜は10時〜) 休 なし 英メ 英ス

まずはスパレセプションから

カップルで利用できるプライベートスパスイート

人気のメニュー
バンブー・ハーモナイザー
1700元/110分
オイルマッサージ
1180元/80分

南京西路 **エバーラスティング・スパ** Everlasting Spa
艾雄庭 アイウェイティン MAP▶P56 B1

フットマッサージや中国式マッサージ各158元/70分もおすすめ

人気のメニュー
ホットストーン・マッサージ
498元/120分
ヘッド・ヨガ
480元/45分

シックで落ち着いた店内

租界エリアの洋館サロン

上海市街の数カ所に支店をもつ人気スパアロマテラピーを取り入れたメニューが好評で、セラピストの確かな技術で夢見心地にさせてくれる。

DATA 交 M 2・3・13号線 南京西路駅から徒歩3分 住 南京西路1038号梅龍鎮広場5階 電 021-6218-3079 時 10〜22時 休 なし 要予約 英ス

外灘周辺 ユエン・スパ　Yuan Spa　源 Spa　ユエンスパ　MAP▶P127C1

チベット高原の湧き水を使ったコスメ

落ち着いた色調のヒーリング空間

上質な空間でセレブ気分

水の源をテーマにした予約制プライベートスパ。東洋医学に基づく多彩なハーバル成分を駆使したトリートメントが、心身ともに癒してくれる。

DATA 交M10・12号線天潼路駅から徒歩15分 住黄浦路199号 Hハイアット・オン・ザ・バンド（→105）地下1階 ☎021-6393-1234（内線6527）時10～23時 休なし　要予約　英メ　英ス

▶人気のメニュー
ユエン・インフュージョン（源湯会按摩）1180元（＋15%）/90分
ボディ・スクラブ　上海式 480元（＋15%）/30分

北外灘 バンヤン・ツリー・スパ　Banyan Tree Spa　悦榕庄　ユエロンジュアン　MAP▶P127D1

異国感たっぷりのスパ

バンヤンツリー上海オンザバンド内の東南アジア系スパ。オーガニックハーブや天然オイルを使った体にやさしいケアに定評がある。

DATA 交M12号線 提籃橋駅から徒歩7分 住公平路19号 Hバンヤンツリー上海オンザバンド1階 ☎021-2509-1188 時10～22時 休なし　要予約　英メ　英ス

モダン・チャイナの内装がエキゾチックな雰囲気

▶人気のメニュー
マスターセラピスト・エクスペリエンス 1580元/90分
パーフェクト・バランス 1680元/120分

淮海中路 ドラゴン・フライ　Dragon Fly　悠庭保健会所　ヨウティンバオジエンホイスオ　MAP▶P128B1

シャワー付きの個室も利用できる

頭と足を2人がかりでマッサージ

豪華サロンで極上の時間を

中国マッサージを基本に、天然ハーブやアロマオイルを使用した施術が好評。アロマオイルマッサージ（香精油圧）は280元/60分。中国式指圧はカップルで672元。

DATA 交M1・10・12号線陝西南路駅から徒歩5分 住新乐路206号 ☎021-5403-9982 時10時～翌2時 休なし　英ス

▶人気のメニュー
足マッサージ 218元/60分
全身マッサージ 218元/60分

浦東 チー・スパ　Chi Spa　氣SPA　チースパ　MAP▶P64A3

自然治癒力を高めるセラピー

シャングリラ・ホテルのオリジナルSPAで、チベット寺院をイメージした神秘的な空間と、ヒマラヤ山地の伝統技法を用いたセラピーが好評。料金には15%のサービス料が加算される。

DATA 交M2号線陸家嘴駅から徒歩6分 住富城路33号 H浦東シャングリ・ラ上海（→P106）2座6階 ☎021-5877-1503 時10～24時 休なし　要予約　日ス　英ス

▶人気のメニュー
リフレッシュフットマッサージ 680元/60分
ヒーリングストーンマッサージ 1618元～/90分

古代ヒマラヤから伝わる材料や技術を活用

ジャグジーやシャワーを備えた個室

エリアガイド

新天地

しんてんち／新天地【シンティエンディ】

重厚な石庫門建築を再生した施設　　在住外国人に人気のランチスポット　　老上海ムードのレストランも充実

レトロおしゃれな
グルメ＆雑貨天国

租界時代の上海で生まれたレンガ造りの集合住宅・石庫門建築を、おしゃれにリノベーションした複合商業スペース。スタイリッシュな新上海料理のレストランやオープンエアのカフェ、本格派のジャズバーなどが集まり、オールド上海の雰囲気と多国籍な賑わいに包まれている。シノワズリ雑貨やアクセサリーのショップも多く、南里広場のビル内にはカジュアル・ウエアの店が並ぶ。

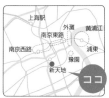

最寄り駅は地下鉄1号線 黄陂南路駅、または地下鉄10・13号線 新天地駅。徒歩で5分

タビトモ的 Best 3

1. 新・上海料理の名店
現代人向けにアレンジされた、新上海料理の人気レストランへ行こう➡P72

2. シノワズリ雑貨
上海を代表するシノワズリ雑貨の有名店が揃うのも新天地の魅力だ➡P74

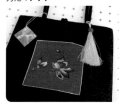

3. 人気ナイトスポット
おしゃれな若者や在住外国人で賑わうバーで、上海の夜を楽しもう➡P73

マチ読みグラフ

観光度
オトナ度　ショップ度
カルチャー度　グルメ度
リラックス度

アドバイス 新天地は興業路をはさんで北里と南里に分かれている。夜遅くまで人が多く、治安は良好

おしゃれなオープンエリアのカフェでひとやすみ

「新天地」のオススメ教えてください

ゼン・ライフストアにはお皿がいっぱい！可愛い
李　草琴さんと葉三さん（飲食店スタッフ）

董衛雯さん（ショップ店員）
夜の裏路地が素敵です
汪麗萍さん（飲食店スタッフ）

鼎泰豊の小籠包はアツアツでとてもジューシー

オールド上海の雰囲気漂う

エリアウォッチ密着24h

6:00 人通りはほとんどない

7:00 一部のレストランがモーニング営業

8:00 ショップは10時または10時30分がオープン時間

9:00

10:00

11:00 ランチには在住の外国人ビジネスマンが多い

12:00 多くのレストランが11時スタート

13:00 ツアー団体が増える時間

14:00

15:00 カフェでくつろぐ若者や外国人の姿も

16:00 気候のよい時期はテラス席が埋まり始める

17:00 ディナーがスタート

18:00

19:00 裏路地では夜景を撮影する写真愛好家も多い

20:00 中国料理系のレストランは21時30分から22時30分に閉店

21:00 地下鉄1号線の黄陂南路駅での終電時間は、人民広場駅方面が22時58分、徐家匯駅方面が23時08分。10号線新天地駅は南京東路方面が22時57分、虹橋方面が23時。13号線は世博大道方面が23時09分、南京西路方面が23時07分。

22:00 ジャズバーや、ダイニングのバー営業は深夜1〜2時ごろまで

23:00

新天地 ①

しんてんち／新天地【シンティエンディー】

おしゃれ系
ダイニング&バーの宝庫

石庫門建築のレトロ感を生かした新上海料理や台湾系小籠包の有名店、スタイリッシュなカフェなどバラエティ豊か。

孔雀川菜

MAP P72B1

Maurya sichuan cuisine 孔雀川菜
【コンチュエチュアンツァイ】

新感覚の四川料理店。 **DATA** ❷M1号線黄陂南路駅から徒歩5分❶太仓路181弄新天地北里235号02単元❸021-5757-5799❸11時〜14時30分、17〜23時❹なし 英× 日× 英× **PHOTO** 麻婆脳花豆腐49元

↑黄陂南路駅へ

周辺マップは P130

オープンエアのパブやレストランが集中。スターバックスもある

太仓路

①

エレメント・フレッシュ ○

○ 孔雀川菜

プレ[カフェ／P76]

● 夜上海

上海灘
[洋服・雑貨／P75]

パウラナー ○

新天地北里

グリーン&セーフ・ザ・バーン○

○ 誉八仙

湖浜路

太平橋公園

②

興業路

● 中共一大会址記念館
[P76]

石庫門屋里廂[P75]

蘭臨・云海肴 ●
[雲南料理／P76]

ゼン・ライフストア ●
[陶器／P75]

馬当路

新天地南里

黄陂南路

③

新天地駅へ↓

自忠路

Ⓐ **Ⓑ**

エレメント・フレッシュ
MAP P72A1

Element Fresh 新元素
【シンユアンスー】

ローストチキンやチーズ、アボカドなどをのせたクラシック・コブ・サラダ95元など、一皿でたっぷり野菜が取れるサラダメニューが充実。果汁を贅沢に使ったスムージーもおすすめ。夜はカジュアルなバーとしても利用できる。**DATA** 🚇M1号線黄陂南路駅から徒歩5分🏠太倉路181弄新天地北里18号楼☎021-6326-0950🕐8〜24時（金・土曜は〜翌2時）🈺なし 英メ 英メ **PHOTO** 地中海風サラダ79元、スムージー各39元

夜上海
MAP P72B1

夜上海
【イエシャンハイ】

1930年代の上海を彷彿とさせる内装と、モダンにアレンジした新上海料理が好評。**DATA** 🚇M1号線黄陂南路駅から徒歩5分🏠黄陂南路338号☎021-6311-2323🕐11時30分〜14時30分、17時30分〜22時30分🈺なし 英メ 英メ **PHOTO** 干焼蝦球188元＋サービス料10％。N.Y.のデザイナーが手掛けたインテリア

誉八仙
MAP P72B1

誉八仙
【ユィーバーシエン】

骨董品をふんだんにあしらった、宮廷のような店内で朝食飲茶を楽しめる。この道48年というベテラン料理長の点心は試す価値あり。**DATA** 🚇M1号線黄陂南路駅から徒歩6分🏠太倉路181弄8号☎021-6373-1888🕐8時〜10時30分、11〜14時、17時30分〜21時30分🈺なし 英メ **PHOTO** お店は完全予約制

グリーン&セーフ・ザ・バーン
MAP P72A2

GREEN&SAFE THE BARN

人気店の多い新天地でも特に話題のダイニングカフェ。スムージーやスイーツには、自社農場産の旬のフルーツを使用。「産地から直接テーブルへ」というコンセプトのもと、穀物倉庫風のインテリアに仕上げたそう。**DATA** 🚇M1号線 黄陂南路駅から徒歩6分🏠太倉路181弄新天地北里22号1層☎021-6386-0140🕐11〜翌2時（土・日曜10時〜）🈺なし 英メ 英メ

パウラナー
MAP P72A1

Paulaner 宝莱納
【パオライナー】

自社工場でつくる新鮮なビールとドイツ料理が楽しめるレストラン。ビールはラガービール、白ビール、黒ビールの3種類で小ジョッキ各68元〜。**DATA** 🚇M1号線黄陂南路駅から徒歩5分🏠新天地北里19・20号☎021-6320-3935🕐11時〜翌2時🈺なし 英メ 英メ

新天地 2

しんてんち／新天地【シンティエンディー】

新鋭作家と超有名店の シノワ雑貨

上海の有名シノワズリ雑貨やアクセサリー系ショップが支店を置いており、いろいろなブランドを一気にチェックできる。

新天地時尚

MAP P130A1

新天地时尚
【シンティエンディーシーション】

若者向けレディスファッションを中心に欧米や日本、香港などのブランドが揃うショッピングモール。**DATA** 交M10・13号線新天地駅からすぐ住马当路245号 ☎021-5382-0666時10〜22時休なし

↑黄陂南路駅へ

中国工商銀行 ●

太仓路

シノワズリ雑貨の小さなお店が並ぶ→

● 孔雀川菜[四川料理／P72]

エレメント・フレッシュ[レストラン・カフェ／P73] ●

┌ プレ[カフェ／P76]

上海灘
● 夜上海
[新上海料理／P73]

パウラナー[ビア・レストラン／P73] ●

新天地北里

グリーン&セーフ・ザ・バーン●
[レストラン・カフェ／P73]

● 誉八仙
[点心／P73]

湖濱路

太平橋公園

● 中共一大会址記念館
[P76]

○ 石庫門屋里廂

ゼン・ライフストア○

兴业路

菌臨・云海肴 ●
[雲南料理／P76]

马当路

新天地南里

黄陂南路

0 ───── 50m

周辺マップは **P130**

新天地広場
新天地广场
【シンティエンティーグアンチャン】

2019年に新天地の北側にオープン。エクレアの「レクレール・ドゥ・ジェニ」、小樽の洋菓子店「ルタオ」、チーズクリームティーが人気の「喜茶」など上海人好みの話題店がぎっしり。アートスペースや、庭園のようなテラスもある。**DATA** Ⓜ1号線 黄陂南路駅直結 淮海中路333号☎021-6333-0066 営10〜22時 休なし 英ス

ゼン・ライフストア
Zen Lifestore 钲艺廊
【チェンイーラン】

美しい花鳥風月をモチーフにした手描きの陶器は、テーブルウエアからインテリア雑貨まで充実のラインナップ。**DATA** Ⓜ1号線黄陂南路駅から徒歩8分 興業路123弄2号☎021-5382-2027 営10〜22時（金・土曜は10時30分〜22時30分）休なし 英ス **PHOTO** シノワなキッチン、バスアイテムがずらり

上海灘
上海滩
【シャンハイタン】

中国の伝統を活かしたデザインと、ビビッドな色合いのウエアや小物類で知られる香港発ブランド。**DATA** Ⓜ1号線黄陂南路駅から徒歩7分 新天地 北里181弄15号楼☎021-6384-1601 営10時30分〜23時 休なし **PHOTO** ヒョウタン型のネックレス2150元。チャーム部分はエナメル製

嫵
Woo 妩
【ウー】

品質のよさで評判のスカーフ専門店。カシミア、パシュミナ、シルクを使ったオリジナルアイテムが常時100種類以上揃う。**DATA** Ⓜ10・13号線新天地駅から徒歩すぐ 马当路245号新天地时尚1楼L124☎021-3331-2189 営10〜22時 休なし 英ス **PHOTO** エレガントな女性を演出するスカーフが並ぶ

リ・クラシファイド
RE CLASSIFIED 调香室
【ティアオシャンシー】

京劇の娘役をイメージしたもの、サンザシや中国茶をモチーフにしたものなど、ナチュラルで中国らしい香りの香水が人気。**DATA** Ⓜ10・13号線新天地駅から徒歩3分 马当路245号新天地时尚B111☎021-6053-3520 営10〜20時 休なし 英ス **PHOTO** オリジナル香水325元〜、ルームフレグランス360元

猫的天空之城
猫的天空之城
【マオドーティエンコンヂーチョン】

猫モチーフのグッズが揃う。ハガキ投函サービスのあるカフェも併設。**DATA** Ⓜ10・13号線新天地駅から徒歩3分 马当路245号新天地时尚B112☎021-5308-0859 営10時〜21時30分 休なし 英ス

石庫門屋里廂
石库门屋里厢
【シークーメンウーリシャン】

石庫門の歴史や構造を紹介。**DATA** Ⓜ1号線黄陂南路駅から徒歩5分 新天地北里25号☎021-3307-0337 営10時30分〜21時30分 休なし 料20元（学生16元、60歳以上10元）

だいたい10分

from 新天地

グルメ＆ショッピングのほか、おしゃれ系ナイトスポットも充実している新天地周辺。歴史的みどころも要チェックだ。

麟籠坊
麟筅坊
【リンロンファン】

MAP P130B2

地元上海の常連客に愛されている小籠包専門店といえばここ。薄皮のなかにジューシーな肉汁がたっぷり詰まった、スタンダードな上海式小籠包が味わえる。特に上海蟹を使ったものが人気。
DATA 🚇Ⓜ10・13号線新天地駅から徒歩6分🏠建国東路10号☎021-6386-7021🕐7時〜19時30分🈚なし **PHOTO** 純鮮肉小籠18元/12個

菌臨・云海肴
菌临・云海肴
【ジュンリン・ユンハイヤオ】

MAP P72A2

雲南省に伝わる伝統料理が味わえるレストラン。香辛料の効いた一品料理のほか麺やご飯ものも充実。**DATA** 🚇Ⓜ10・13号線新天地駅から徒歩5分🏠興業路123弄1号楼1単元☎021-5383-5300🕐11〜16時、17〜21時🈚なし 英ス 英メ
PHOTO 雲南過橋米線46元

中共一大会址記念館
中共一大会址纪念馆
【ジョンゴンイーダーフェイジージィニエングアン】

MAP P72B2

1921年に開かれた共産党第一回全国代表大会の会場跡。内部は資料館になっている。**DATA** 🚇Ⓜ1号線黄陂南路駅から徒歩7分🏠黄陂南路374号☎021-5383-2171🕐9〜16時🈚なし💰無料

古董花園
古董花园
【グートンホアユエン】

MAP P129D1

思南路にある骨董ショップ&カフェ。店内には所狭しとアンティークの家具や雑貨がディスプレイされている。**DATA** 🚇Ⓜ13号線淮海中路駅から徒歩6分🏠思南路44号甲☎021-5382-1055🕐11時〜翌2時（月曜は〜22時30分※2階は19時以降バーになる）🈚なし 英ス 英メ

ディー・オー・イー
DOE
【DOE】

MAP P130B1

メンズファッションのセレクトショップを併設する本格派カフェ。こだわりのハンドドリップコーヒーやフラットホワイトは、コーヒー好きの日本人駐在員の間でも話題になっている。おみやげ用の豆も販売しているので、お気に入りを購入したい。**DATA** 🚇Ⓜ1号線黄陂南路駅から徒歩8分🏠湖浜路168号无限极荟购物广场1階☎021-5382-1689🕐10〜21時🈚なし 英メ **PHOTO** 厳選された上質なコーヒー豆を使用

プレ
Pree
【プレ】

MAP P72B1

流行中のクラフトアイスをメインにしたカフェ。バーボンが効いたものや、トリュフ、レモングラス、花椒など大人テイストのユニークなアイスが揃う。**DATA** 🚇Ⓜ1号線黄陂南路駅から徒歩5分🏠太倉路181弄新天地北里15号2単元☎178-2173-2180🕐11〜23時🈚なし 英ス 英メ **PHOTO** 石庫門百利甜68元（手前）はベイリーズ風味
※2020年1月現在、改装工事中

世界屈指のディズニーリゾート！

上海ディズニーリゾート

Shanghai Disney Resort **MAP P126A1**

上海迪士尼度假区

シャンハイディーシーニードゥージアチュー

上海郊外にあるディズニーリゾート。広大な敷地内に「上海ディズニーランド」のほか、2軒の直営ホテル、「ディズニータウン」などがあり、一日中楽しめる。上海だけのアトラクションや、中国ならではのパレードに注目したい。

DATA 🚇⋔11号線迪士尼駅からすぐ🏠申迪北路753号☎021-3158-0000🕐9〜20時（曜日や季節により異なる）🈂なし💴399元〜（土・日曜、祝日、夏休みなどは575元）

パレードには「ムーラン」のキャラクターも登場

（ 注目のテーマランド ）

ミッキー・アベニュー
Mickey Avenue

米奇大街

ミーチーダージエ

ミッキーと仲間たちをテーマにしたエリア。グリーティングが楽しめる。ショップもある。

アドベンチャー・アイル
Adventure Isle

探険島

タンシエンダオ

伝説とディズニーのイマジネーションが融合。ミステリアスな雰囲気が漂う。

ガーデン・オブ・イマジネーション
Gardens of Imagination

奇想花園

チーシャンホアユエン

「ガーデン（庭）」がテーマ。小さな子どもが楽しめるアトラクションも多い。

▶（左上）生演奏の贅沢を味わおう（右上）人気のカクテル上海158元（左下）ステージを囲むように席が配置

外灘　MAP P41A2

オールド・ジャズ・バー
Old Jazz Bar

名建築のホテルのバーで
ジャズの音色を堪能

ベテランぞろいのジャズバンド、老上海爵士楽団の演奏を聴けるバー。歴史的洋館でオールド上海の気分に浸れる。ホテル宿泊者以外はミニマムチャージ300元。

DATA 交 M2・10号線南京東路駅から徒歩5分 住 H フェアモント・ピース・ホテル（→P104）1階 ☎021-6321-6888（代）時17時30分〜24時30分（演奏は18時30分〜と21時30分〜の2回）休なし 英ス 英メ

厳選ナイトスポット

夜景やジャズ、洋館など上海らしい
魅力に満ちたナイトスポットで、
おしゃれな夜を楽しもう。

浦東　MAP P64A3

パウラナー・
ブロイハウス

Paulaner Brauhaus
宝莱納餐厅 パオライナーツァンティン

河畔で夜景とドイツビール

黄浦江越しに外灘の歴史建築を望むリバーサイドのビアレストラン。ドイツのミュンヘンにある老舗ビール会社の経営で、自家醸造のビール3種類と本場仕込みのドイツ料理を味わうことができる。土・日曜の夜はバンドの生演奏も。

DATA 交 M2号線陸家嘴駅から徒歩7分 住 浜江大道浜江风光亭 ☎021-6888-3935 時10時〜翌1時（金・土曜は〜翌2時）休なし 英ス 英メ

▲外灘の夜景が眼前に広がる

▲店内はドイツのビアホールを思わせる内装

▼黄ビール（500㎖）80元と黒ビール（300㎖）68元

◀ミックス・ソーセージ・プレート108元

▶赤を基調にした雰囲気あるインテリア

外灘 MAP P41A3

ハウス・オブ・ブルース＆ジャズ
House of Blues & Jazz

ジャズの生演奏に酔いしれる

上海でも随一のクオリティを誇るジャズ・バー。外灘エリアに立つ洋館を改装した、アメリカ南部をイメージするインテリア。ライブは21時30分〜翌1時30分（金・土曜は22時〜翌2時でチャージ50元）。

DATA 交 M2・10号線南京東路駅から徒歩12分 住 福州路60号 ☎021-6323-2779 時 16時30分〜翌2時30分 休 月曜 日ス 英メ

▲1910年築という洋館の1階を使用

▲ハイレベルなジャズの演奏に定評あり

外灘 MAP P41A2

バー・ルージュ
Bar Rouge

浦東の夜景を望む特等席

1923年築の歴史建築、外灘18号の最上階にあるバー。テラス席（ミニマムチャージ500元）や窓際席からは、対岸を彩る浦東の夜景が一望できる。なるべく予約を。

DATA 交 M2・10号線南京東路駅から徒歩7分 中山東一路18号7階 ☎021-6339-1199 時 18時〜翌2時（金・土曜は〜翌4時）休なし 英ス 英メ

◀ウォッカベースのカクテル、バー・ルージュ80元〜　▲テラス席から望む浦東の夜景

南京西路 MAP P57F2

バルバロッサ・ラウンジ
Barbarossa Lounge

人民公園内にあるエキゾチックなカフェバー

▼平日のランチは200元〜

イスラム宮殿のようなシルエットが池に映える。アラビア風の店内の1・2階はソファのあるラウンジで、料理はカニ、ロブスターなど海鮮がメイン。

DATA 交 M1・2・8号線人民広場から徒歩5分 住 南京西路231号 人民公園内 ☎021-6318-0220 時 11〜23時（2階は17時〜翌2時）休なし 英ス 英メ

衡山路 MAP P129C2

ザ・ユニオン・トレーディング・カンパニー
The Union Trading Co.

一流なのにカジュアル！

コンペティションやアジアランキング常連の実力派カクテルバー。一流でありながら気取らずカジュアル。立ち飲みでも楽しめるのが魅力。フレンドリーなスタッフたちや常連客とともに、賑やかに過ごしたい。

DATA 交 M1・7号線常熟路駅から徒歩10分 住 汾陽路64弄2号 ☎なし 時 18時〜翌2時 休なし 英ス 英メ

▲お茶や野菜を使ったカクテルも

▶オールドアメリカンな店内

▲店内にはアラビアの水差しなども飾られている

こっちも行っとく？
モアタウン エリア 5

≫ アート＆ショップのスポット

❶ 田子坊【ティエンズーファン】 →P82

上海のSOHOとして注目を浴びるアート街。田子坊エリアに残る租界時代の石庫門住宅も趣深く、ブティック、雑貨店、バーやカフェも魅力。

≫ 大型モールが並ぶ繁華街

❷ 淮海中路【ホアイハイジョンルウ】 →P84

有名デパートやおしゃれなショップが立ち並ぶメインストリートで、若者たちに人気。周辺に残るフランス租界時代の洋館が異国情緒をかもす。

≫ おしゃれな上海の山の手

❸ 衡山路【ホンシャンルウ】 →P86

旧租界の高級住宅や領事館が集まり、上海のおしゃれを先取りしたレストランやショップも多い。夜はバー・ストリートとして賑わう。

≫ 交通の要衝として発展

❹ 徐家匯【シュージアフェイ】 →P88

上海の商業エリアとして知られ、大型デパートや映画館、娯楽施設が集まる。ターミナルの拡張工事も進行中で、交通の要衝としても重要度アップ。

≫ 日本人租界の面影が残る

❺ 虹口【ホンコウ】 →P90

「日本人租界」とよばれ、多くの日本人が住んだエリア。作家の魯迅が生涯を終えたところでもあり、オールド上海の雰囲気が今も色濃く漂う。

上海市内周辺には、南京東路と並ぶ繁華街の淮海中路や、アートの町、泰康路・田子坊、旧フランス租界の高級住宅街が広がる衡山路、商業の中心地徐家匯、日本人租界とよばれたオールド上海の雰囲気が色濃い虹口など、見逃せないエリアが目白押し!

異国情緒漂う旧租界を散策するのも楽しい

小さなショップやカフェが軒を連ねる

新旧の魅力あふれる
大人気エリア

田子坊で
ティエンズーファン

お買い物

レトロな集合住宅エリアに、ショップやカフェ、ギャラリーが集まる田子坊は、上海で最も元気のある観光エリア。お気に入りの雑貨やファッションを探して、迷路のような街を散策しよう。

建国中路へ
建国中路へ
N
30m
Scarf City　AKURAH
九本寺
丹コーヒー＆ワイン
moomoo
酸奶工房
1弄
5弄
248弄
9号站（男性用のみ）
ジョマ・アーツ
シェ・ルー
コミューン
Art
248弄
WOO
5号楼
上海盈稼坊工作室(1F)
泰康路210弄
ラピス・タイ
3号楼
アーバン・トライブ
金粉世家
プラターヌ思南路200弄
寶珠酒醸酸奶
日月光中心広場
274弄
瑞金一路へ
田子坊正門（ゲート）
泰康路
打浦橋
打浦桥
A　B
M

田子坊ってどんな所？

細い路地が迷路のように入り組んだ「里弄」とよばれる古い住宅街に、若手デザイナーのアトリエやギャラリーができたのが始まり。今ではショップやカフェなど約400もの店が並ぶ観光スポットに。

🚇 M 9号線打浦橋駅から徒歩3分
🏠 泰康路（210弄、248弄、272弄が中心）

MAP P82B2

上海盈稼坊工作室

上海盈稼坊工作室
シャンハインジアファンゴンズオシー

鮮やかな刺繍に注目

中国の少数民族、苗族に伝わるハンドメイド刺繍を生かした衣類や布小物を扱うショップ。

🏠 泰康路210弄3号118室 ☎021-6473-4566 ⏰10～20時（12～4月は～18時）❌なし

▼ 花と蝶の刺繍入りクッションカバー 280元

▼ チュニックなど衣類も

MAP P82B1

ジョマ・アーツ

卓瑪 ジュオマー

エスニック雑貨が勢揃い！

チベット人の三姉妹が営む雑貨ショップ。チベットやネパールで買い付けた布小物やアクセサリーが豊富に揃う。

🏠 泰康路210弄7号6室 ☎021-5465-2113 ⏰10～21時❌なし 英文

▲ 幅広い価格帯の商品が並ぶ

▲ 室内履きによいフェルト靴50元

◀ フェルト製のポーチ各30元

▶明るい店内にオーナーこだわりの自然派アイテムが並ぶ

MAP P82B2
アーバン・トライブ
城市山民
チョンシーシャンミン

天然素材にこだわる店

コットンやリネンなどのオーガニック素材にこだわったウエアや雑貨、アクセサリーなど、独自の世界観が感じられるアイテムが揃う。

🏠泰康路248弄14号
📞021-5465-1668
🕐10〜22時 🈂なし
英ス

▲携帯できる紫砂壺と器のセット690元

◀シルバーのピアス600元

▶既成のドレスを見ながらデザインをチョイス

MAP P82B2
金粉世家
金粉世家 ジンフェンシージア

チャイナドレスをオーダーメイド

田子坊にあるオールド上海風のクラシカルなチャイナ服専門店。オーダーチャイナドレス3600元〜で、メンズもある。

🏠泰康路210弄3号110室
📞021-6466-7006
🕐10〜21時 🈂なし 英ス

▲早くて1週間後に完成!

▲デパ地下風のB1階は地元で人気

MAP P82A2
日月光中心広場
日月光中心広場
リーユエグアンシンシングアンチャン

カジュアル系ウェアが充実

泰康路をはさんで田子坊の南側に立つ大型ショッピングモール。カジュアル系ファッションやコスメ系のショップのほか、飲食店も充実。

🏠徐家匯路618号
📞021-6433-2999 🕐10〜22時
🈂なし

▲オリジナルのプレートは小288元

▲インテリア雑貨を中心におしゃれな品揃え

MAP P130A3
プラターヌ
Platane

エスプリの効いたデザイン

上海在住のフランス人マダムによるセレクト&オリジナルのインテリア雑貨が人気を集めるショップ。

🏠泰康路156号
📞021-6466-2495 🕐10〜20時(月曜は11時〜) 🈂なし
英ス

ひと休みするならココ!

MAP P82B1
コミューン
Kommune 公社 ゴンシー

▶文革風のキッチュなインテリアに注目

田子坊の老舗的スポット

田子坊を代表する名物カフェ。オーストラリアのデザイン会社が経営しており、フードもドリンクも本格派揃い。

🏠泰康路210弄7号5室
📞021-6466-2416 🕐8〜24時(金・土曜は〜翌1時)🈂なし 英ス 英メ

▶マンゴーラッシー48元、アイスラテ38元

MAP P82A2
寶珠酒酿酸奶
宝珠酒酿酸奶 バオチュウジウニエンスワンナイ

▶フルーツや白玉入りの奶酪菜菜31元

ほっこり宮廷風デザート

日月光中心広場内にあるスイーツ店。奶酪という宮廷風ヨーグルトを中心に、中国北方系のスイーツが揃っている。(→P61)

🚇Ⓜ9号線打浦橋駅からすぐ 🏠徐家匯路618号日月光中心广场1階F-09 📞021-6416-1023
🕐10〜22時 🈂なし 英ス

▲写真付きメニューも

淮海中路

わいかいちゅうろ／淮海中路【ホアイハイジョンルゥ】

異国情緒を味わい歩く お買い物

上海第二の繁華街で巨大ショッピングモールが並び、上海っ子に人気のエリア。周辺には旧フランス租界時代の洋館も残る。

🛍 全国土特産食品商場　`MAP P85E1`

全国土特产食品商场
【チュアングオトゥートゥーチャンシーピンシャンチャン】

干しアンズや干し梅などのドライフルーツ、木の実などが量り売りで手に入る。500g50元前後〜。チョコレートやキャンディはバラマキみやげ用に。**DATA** 🚇M1号線黄陂南路駅から徒歩7分 🏠淮海中路491号 ☎021-5383-3623 🕐9〜21時 🈲なし **PHOTO** 干し梅はお茶請けにも

🛍 マダム・マオズ・ダウリー　`MAP P128B1`

毛太設計
【マオタイショージー】

上海雑貨の草分け的ショップ。シノワズリ系から毛沢東グッズ、文革期がモチーフの雑貨まで揃う。**DATA** 🚇M1・7号線 常熟路駅から徒歩10分 🏠富民路207号 ☎021-5403-3551 🕐10〜19時 🈲なし 英メ

🛍 ワトソンズ　`MAP P84B2`

屈臣氏
【チュチェンシー】

香港系コスメチェーン。かわいいパッケージの商品はおみやげに人気。**DATA** 🚇M1・10・12号線陝西南路駅から徒歩5分 🏠淮海中路787号 ☎400-8301310 🕐9時30分〜22時30分 🈲なし

🍴 光明村大酒家　`MAP P85D1`

光明邨大酒家
【グアンミンツンダージウジア】

上海で10軒のみが認定されている国家一級酒家の一つ。**DATA** 🚇M13号線淮海中路駅から徒歩5分 🏠淮海中路588号 ☎021-5306-7878 🕐7〜21時 🈲なし 日メ **PHOTO** 特色醤鴨26元

周辺マップは P129

目的の店によって地下鉄駅を使いわけよう。足に自信があればぶらぶら歩くのも楽しい

豊裕

陝西南路
陝西南路 ③④

淮海中路

永新百貨

ワトソンズ

金辰大酒店
伊藤店
［日本料理］

阿娘麺【P27】

軌道交通13号線
［地下13号線］

上海香港三聯書店

瑞金二路

思南路

南昌路

豊裕
丰裕
【フォンユイ】

MAP
P84B1

上海料理の老舗・光明邨大酒家の経営。看板メニューの生煎6元をはじめ、麺類やご飯ものもバラエティ豊かに用意。 DATA ⊗M13号線淮海中路駅から徒歩5分⊕瑞金一路140号☎021-5404-6404⏰6時～20時30分⊗なし PHOTO 看板メニューの生煎6元／4個

席家花園酒家
席家花園酒家
【シージアホアユアンジウジア】

MAP
P128B1

シルク商の席一族が別荘として使用した洋館。アンティーク調のシャンデリアが目を引く。上海料理をベースに江南料理のエッセンスをしのばせたメニューが特徴。 DATA ⊗M1・7号線 常熟路駅から徒歩10分⊕巨鹿路889号☎021-6466-1397⏰11～14時、17時～22時30分⊗なし 英X 英メ

K11
K11
【ケーシーイー】

MAP
P85F1

香港系のショッピングモールで、アートを融合させたラグジュアリーな空間に注目。 DATA ⊗M1号線黄陂南路駅からすぐ⊕淮海中路300号☎021-2310-3188⏰10～22時⊗なし

iapm
iapm
【アイエーピーエム】

MAP
P129C2

欧米系の高級ブランドから日本のカジュアルウェアまで揃うショッピングモール。 DATA ⊗M1・10・12号線陝西南路駅からすぐ⊕淮海中路999号☎021-6259-1117⏰10～23時⊗なし

コチラもチェック！

革命の父の面影を偲ぶ

思南路の入口から見える孫文の像が目印。革命の父として知られる孫文（孫中山）が、1918～24年にかけて夫人の宋慶齢と暮らした旧居が孫中山旧居記念館として一般公開されている。客室やダイニング、書斎のほかに、門を入ったところに立つ文物展示館では、孫文の遺品や辛亥革命に関する資料を多数展示している。 DATA ⊗M13号線淮海中路駅から徒歩10分⊕香山路7号☎021-5306-3361⏰9時～16時30分（入館は～16時）⊗月曜 ⊕20元 PHOTO 文物展示館の左奥が孫文の旧居 MAP P129D2

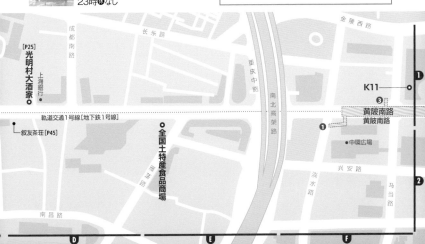

衡山路

こうざんろ／衡山路【ホンシャンルウ】

上海の夜は
お洒落な空間で

旧フランス租界の高級住宅や各国領事館も多く、洒落たレストランやショップが点在。夜はバー・ストリートとして賑わう。

上海工芸美術博物館 MAP P87C1

上海工艺美术博物馆
【シャンハイゴンイーメイシューボーウーグアン】

後期フランス・ルネッサンス様式の館内には象牙や玉などを使った彫り物や山水、花、人物などの内画、硯、刺繍や織物などの伝統工芸品を展示。 **DATA** 🚇M1・7号線常熟路駅から徒歩15分🏠汾陽路79号☎021-6431-4074🕐9〜17時🚫なし💰8元 **PHOTO** 上海のホワイトハウスと呼ばれる

ブリュット・ケーク MAP P128A2

BRUT CAKE
【ブリュット・ケーク】

上海郊外の農村部で織られている布を使ったオリジナル雑貨が人気。デザイナーによる手描きの陶器や遊び心あふれるインテリアグッズも。 **DATA** 🚇M1・7号線常熟路駅から徒歩12分🏠安福路232号☎021-5448-8159🕐11〜19時🚫旧正月期間の1週間 英✕ **PHOTO** 素朴なテイストの商品が揃う

ラピス・ラズリ MAP P126B2

青珑工坊
【チンロンゴンファン】

自社工場で作った陶磁器を直販する。旧蒋介石邸をチャイナ雑貨とインテリアの店として利用。2階にはレストランもある。 **DATA** 🚇M10・11号線交通大学駅から徒歩10分🏠泰安路22号🚫なし🕐10〜22時🚫なし 英✕

宋慶齢旧居 MAP P128A3

宋庆龄故居
【ソンチンリングージュ】

孫文夫人で宋家三姉妹の次女、慶齢が1949〜63年まで暮らした邸宅。リビングやダイニングが当時のまま残る。 **DATA** 🚇M10・11号線交通大学駅から徒歩7分🏠淮海中路1843号☎021-6437-6268🕐9時〜16時30分🚫月曜💰20元 **PHOTO** 宋慶齢の像

参年間 MAP P87B2

叁年间 The Shanghailander Wine Café
【サンニエンジェン】

庭に面した開放感たっぷりのワインカフェ。メインはワインとコーヒーだが、インテリアは中国テイストでフードメニューは麺や点心が揃う。ミスマッチの楽しさと、気兼ねなくくつろげる雰囲気が魅力。 **DATA** 🚇M1号線 衡山路駅から徒歩1分🏠永嘉路692号2幢1階☎021-6403-0519🕐11時〜翌2時🚫なし 英✕ 英✕ **PHOTO** ハウスワイン180元/本〜

老麦珈琲館 MAP P87B1

成老麦咖啡馆 The Cottage Cafe
【ラオマイカーフェイグワン】

オーナーが各国で集めたレトロな調度品が並ぶ古民家カフェ。自家焙煎コーヒーが味わえる。 **DATA** 🚇M2・7号線 静安寺駅から徒歩5分🏠胶州路133号☎021-2682-7408🕐10〜24時🚫なし 英✕ 英✕

ダガ・ブリューパブ
DAGA BREWPUB

`MAP P87A1`

中国各地のクラフト生ビールを常時60種用意。**DATA** ❄Ⓜ10号線上海図書館駅から徒歩6分㉔复興西路100号☎021-3469-5338㉠10時〜翌1時(冬季は13時〜)㉪なし 英ス 英メ

クチュリエ・シャンハイ
COUTURIER Shanghai `MAP P128A2`

上海のプリントシルクを使った小物や服をセミオーダーできるブティック。**DATA** ❄Ⓜ1・7号線常熟路駅から徒歩12分㉔安福路151号☎021-5404-7110㉠12〜18時㉪月曜 日ス **PHOTO** スカーフ330元、パスポートケース310元など

露茗堂
LU MING TANG【ルーミンタン】 `MAP P128A2`

フランス人オーナー作の中国茶コスメが人気。石鹸148元、あぶらとり紙45元など。**DATA** ❄Ⓜ1・7号線常熟路駅から徒歩12分㉔安福路183号☎021-6403-5363㉠10〜22時㉪なし 英ス

カルチャー・マターズ
Culture Matters `MAP P128A2`

欧米で人気の上海発スニーカーブランド・飛跃(フェイユエ)の直営店。**DATA** ❄Ⓜ1・7号線常熟路駅から徒歩6分㉔烏魯木斉中路206号☎186-2192-4198㉠10〜22時㉪なし 英ス

徐家匯

じょかかい／徐家汇【シュージアフェイ】

中国パワー炸裂!
必見巨大百貨店

徐家匯駅周辺は地下鉄11号線の開通により商業エリアとしてさらに発展中。大型デパートや映画館も多く、若者で賑わう。

徐家匯天主教堂
MAP P89A2

徐家汇天主教堂
【シュージアフェイティエンジュージアオタン】
高さ60mの2つの尖塔が印象的な教会で、バラ窓のステンドグラスは必見。 DATA ❷M1・9・11号線徐家匯駅から徒歩5分❸蒲西路158号⑬13〜16時（日曜は14時〜）❹月〜金曜⑭無料 PHOTO 徐家匯のシンボル

港匯恒隆広場
MAP P89B2

港汇恒隆广场
【ガンフェイホンロンアンチャン】
ブランド専門店が充実。飲食店、書店、映画館などもあり、とにかく巨大なデパート。 DATA ❷M1・9・11号線徐家匯駅からすぐ❸虹桥路1号☎021-6407-0115⑬10〜22時❹なし PHOTO 巨大な吹き抜け

匯金超市
MAP P89B1

汇金超市
【フェイジンチャオシー】
刺身用の魚介類が揃い、食品の品揃えは秀逸。手荷物を預けられるロッカーも完備。 DATA ❷M1・9・11号線徐家匯駅から徒歩1分❸肇嘉浜路1000号☎021-6426-9999⑬9〜21時❹なし 英文 PHOTO このデパートの地下にある

上海老站
MAP P89B2

上海老站
【シャンハイラオジャン】

1921年建築の元修道院をレストランに改装。宋慶齢などが利用したという鉄道の食堂車が置かれ、個室として利用。 DATA ❷M1・9・11号線徐家匯駅から徒歩3分❸漕渓北路201号☎021-6427-2233⑬11時30分〜14時、17〜22時❹なし 英文 英文 PHOTO 川エビの塩炒め218元

衡山坊
MAP P89B1

衡山坊
【ホンシャンファン】

2015年にオープンした複合商業スポット。モダンにリノベーションした建物に、上海発のアパレルブランドやブックカフェなどのテナントが入る。 DATA ❷M1・9・11号線徐家匯駅から徒歩2分❸衡山路880号☎021-5424-0100⑬10〜22時（店舗により異なる）❹なし

美羅城
美罗城
【メイルオチョン】

巨大な球体が目印のショッピングセンター。カジュアル系ファッションとレストランが充実している。**DATA** 🚇M1・9・11線徐家匯駅からすぐ🏠肇家浜路1111号☎021-6426-8888⏰10～22時休なし

コチラもチェック！

江沢民の出身大学

1896年創設の上海交通大学。現在、旧図書館はホール、新中院は航運博物館として利用されている。

上海交通大学
上海交通大学
【シャンハイジャオトンダーシュエ】

DATA 🚇M10・11号線交通大学駅から徒歩1分☎021-6044-9763 **MAP** P89A1

枚青・臨安酒肆
枚青・临安酒肆
【メイチン リンアンジウスー】

居酒屋気分で中国酒を楽しめる江浙料理店。人気店なので行列覚悟で。**DATA** 🚇M4号線上海体育場駅から徒歩3分🏠天钥桥路333号腾飞大厦内腾飞大厦1层☎021-6115-2758⏰10時30分～14時30分、16時30分～21時30分（土・日曜は通し営業）休なし 英✎ **PHOTO** 江蘇省と浙江省の伝統料理を出す

恒悦軒
恒悦轩
【ホンユエシュアン】

上海のグルメ賞受賞の広東料理を優雅に味わえる。小青龍蝦2分の1匹138元。**DATA** 🚇M1・9・11号線徐家匯駅から徒歩10分🏠宛平路290号☎021-6472-9778⏰11～22時休なし 英✎

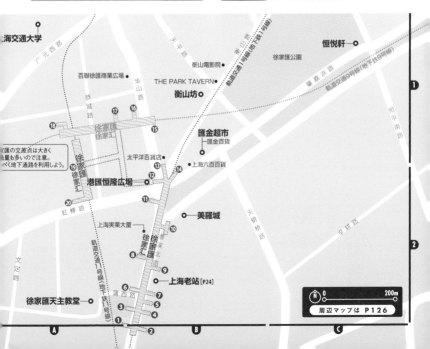

海交通大学

恒悦軒

徐家匯公園

衡山電影院●

百聯徐匯商業広場

THE PARK TAVERN●

衡山坊◯

⑰ ⑯

⑱　徐家匯
　　徐家汇

⑮

匯金超市
├匯金百貨

徐家匯の交差点は大きく交通量も多いので注意。なるべく地下通路を利用しよう。

太平洋百貨店●

⑬

●上海六百貨

徐家匯
徐家汇　⑲

⑫

⑭

港匯恒隆広場

⑪

⑳
虹橋路

上海実業大厦

⑩　●美羅城

⑨

⑧

上海老站[P24]

⑥　⑦
④⑤
③
②
①

徐家匯天主教堂●

A　　B　　C

虹口

こうこう／虹口【ホンコウ】

日本人租界と近代文学の足跡を訪ねて

蘇州河の北に広がる虹口は、かつて日本人租界とよばれたエリアで、近代中国の作家・文人が活動した場所としても知られる。

多倫路文化名人街
MAP P91A3

多伦路文化名人街
【ドゥオルンルーウェンホアミンレンジエ】

1920年代の街並みを再現した通りで、骨董品や書画、玉器などを扱う店が軒を連ねる。近代に活躍した文人たちのブロンズ像も点在。**DATA** 🚇M3号線東宝興路駅から徒歩10分 🕐店により異なる 🈚なし **PHOTO** 3階建てのレトロな集合住宅が続く。魯迅のブロンズ像は記念撮影スポット

大上海1933
MAP P91A3

大上海1933
【ダイシャンハイイージウサンサン】

中華民国時代〜文革期にかけてのアンティークが揃う骨董店。レトロなポスターやホーロー製品、毛沢東グッズなど充実。**DATA** 🚇M3号線東宝興路駅から徒歩10分 🏠多伦路181号 ☎021-5696-3948 🕐9〜18時(夏期は〜17時30分) 🈚不定休 **PHOTO** 多倫路沿いの石庫門建築が目印。希少なポスター

鴻徳堂
MAP P91A4

鸿德堂
【ホンドータン】

中国宮殿様式を取り入れた上海で唯一のキリスト教会で、1928年の竣工。日曜のミサがある時間(3回)は入場可。**DATA** 🚇M3号線東宝興路駅から徒歩6分 🏠多伦路59号 🕐🈚外観のみ見学自由

1933老場坊
MAP P127C1

1933老场坊
【イージウサンサンラオチャンファン】

1933年築の建物をリノベーションした、アートスペース、グルメスポット、映画館などが集まる複合商業施設。建造物は建築好きや写真愛好家も魅了。**DATA** 🚇M4・10号線海倫路駅から徒歩10分 🏠溧阳路611号 ☎021-6513-2835 🕐10〜18時 🈚なし

老電影珈琲館
MAP P91A4

老电影咖啡馆
【ラオディエンインカーフェイグアン】

レンガ造りの洋館を利用したカフェで、店内では国内外の古い映画を上映。コーヒー48〜168元、中国茶45元〜。**DATA** 🚇M3号線東宝興路駅から徒歩5分 🏠多伦路123号 ☎021-5696-4763 🕐10〜22時 🈚なし 🈂 **PHOTO** 香り高いコーヒーとワッフル68元でくつろぐ。木陰のテラス席も心地よい

中国左翼作家連盟会址記念館
MAP P91A3

中国左翼作家联盟会址纪念馆
【ジョングオズオイーズオジアリエンモンホイジージィニエングアン】

1930年に左翼作家連盟の会議が開催された建物。関連資料を展示。**DATA** 🚇M3号線東宝興路駅から徒歩10分 🏠多伦路201弄2号 ☎021-5696-0558 🕐9〜11時、12時30分〜16時 🈚月曜 🈶無料

魯迅公園

魯迅公園
【ルーシュンゴンユアン】

上海随一の広大な公園。朝から太極拳やダンス、青空麻雀、コーラスなどを楽しむ地元の人々で賑わう。**DATA** 🚇 M3・8号線虹口足球場駅から徒歩5分 🏠 四川北路2288号 ☎021-5648-2755 🕐 5〜18時（季節により変更あり）🚫なし 🈯無料 **PHOTO** 園内奥にある魯迅の像と墓。伝統楽器の演奏を楽しむグループ

上海魯迅記念館

上海魯迅紀念館
【シャンハイルーシュンジーニエングアン】

魯迅公園内にあり、作家・魯迅の生原稿や写真など20万点もの資料を展示。**DATA** 🚇 M3・8号線虹口足球場駅から徒歩8分 🏠甜愛路200号 ☎021-6540-2288 🕐9〜16時 🚫なし 🈯無料

魯迅故居

魯迅故居
【ルーシュングージュ】

魯迅が1936年に亡くなるまで、最後の3年半を過ごした旧居。**DATA** 🚇 M3・8号線虹口足球場駅から徒歩15分 🏠山陰路132弄9号 ☎021-5666-2608 🕐9〜16時 🚫なし 🈯8元

コチラもチェック！

蘇州河沿いを歩こう

蘇州河の下流に立つ1924年築の上海市郵政大楼は、4階建て古典主義様式の荘厳な洋館。2階には、郵政事業の発展史を紹介する上海郵政博物館を併設。

上海郵政博物館

上海郵政博物館【シャンハイヨウジョンボーウーグアン】

DATA 🚇 M10・12号線天潼路駅から徒歩5分 🏠天潼路395号 ☎021-6393-6666 🕐9〜17時（入館は〜16時）🚫月・火・金曜 🈯無料
PHOTO 乍浦路橋から上海市郵政大楼を望む **MAP** P127C1

周辺マップは P127

プチプラ＆キッチュな バラマキ みやげ

ローカルご用達のスーパーや ドラッグストアは、 キッチュでカワイイ お手頃みやげの パラダイス!

日本メーカーの ご当地商品!

レイズ ポテトチップス 6.6元
ユニークなフレーバーが多数。写真はザリガニ味

毎日堅果 6.9元
栄養バランスを考えたサプリ系ミックスナッツ

お菓子

キスキス 13.7元
スイカ味のミントタブレット。ノンシュガーでヘルシー

大白兎奶糖 23.9元
レトロな味わいで根強い人気のミルクキャンディ

『アズールレーン』ポッキー 5.9元
今旬みやげNo.1。中国産コンテンツとのコラボお菓子

超細プリッツ 6.5元
火鍋味、新疆料理味など。プリッツの進化が止まらない

メルティーキッス 19.8元
日本にはないマンゴー味。安定のおいしさ

食品・調味料

カップヌードル 海鮮風味 5.5元
中国では8種類を発売。ほかには五香牛肉味など

紅焼牛肉麺mini 2.9元
ミニのカップ麺は駄菓子並みの安さ。辛口スープが美味

海底撈 牛油火鍋底料 10.2元
激辛火鍋スープの素。本場の辛さをおみやげに

烏江 紅油搾菜 2.5元
麻辣風味のザーサイ。おつまみやご飯のおともにぴったり

マコーミック調味料 麻婆豆腐 3.5元 酸辣湯 3.2元
定番中華を本場の味で再現できる合せ調味料

太太楽 鶏精調味料 2.6元〜
上海人家庭のキッチンに必ずある鶏ガラ風味の粉末調味料

お茶

サントリー 大紅袍
7.4元
岩茶のペットボトル。烏龍茶より濃厚で上品な味わい

醇香烏龍茶
3.8元
持ち歩きやすい四角いミニボトル入り烏龍茶

黒糖姜茶
22.8元
黒糖とショウガをブレンドしたお茶。10パック入り

茶餐廳檸檬茶
3元
昔ながらのレトロな紙パック入り甘口レモンティー

王老吉
5.5元
仙草など各種漢方をブレンドした"涼茶"

コスメ

竹パルプティッシュ
11.5元
無漂白の竹パルプで作ったエコ商品。パンダが目印

使い捨てシートマスク
各10元
自然素材の力を使ったシートマスク。写真は（左）アロエ保湿パック、（右）深海コラーゲンパック

美加浄ハンドクリーム 3元
クルミオイル入りで手肌しっとり。なのにこの安さ！

大白兎リップクリーム
39元
ミルクキャンディとのコラボ商品。甘いミルクの香り

雑貨

ぬいぐるみ
10元
吸盤付きのパンダのぬいぐるみ

吊飾り
（3個）10元
車内の飾りやインテリア、バッグチャームなどに

マグネット 10元
旅行先で思わず買いたくなるマグネット

刺繍入りバッグ
10元
花の柄が描かれたバッグ、これで10元とはお買い得

トランプ
10元
毛沢東の若かりしころからの写真が印刷されている

食品系は ココで買えます！

中山公園 MAP P126B2

カルフール

家乐福 ジアルーフー

大規模SCの地下にあり交通至便。食料品から日用品まで庶民的な品揃え。

DATA Ⓜ2・3・4号線 中山公園駅から徒歩3分 📍长宁路1018号 龙之梦购物中心地下1～地下2階 ☎021-3639-5701 🕐7時30分～22時 休なし 英ス

雑貨は ココで買えます！

豫園 MAP P51C1

福佑商厦

福佑商厦 フーヨウシャンシア

豫園の北に立つ卸売市場。工芸品や天然石などを扱う小さな店がぎっしり。

DATA Ⓜ10号線 豫園駅から徒歩5分 📍福佑路225号 ☎021-6328-1805 🕐8～18時 休なし

上海 More Spot 11
モアスポット

『ERA-時空之旅』は120〜600元

エンタメ
大好き

伝統の技を最先端エンタメに
上海馬戯城
上海马戏城
シャンハイマーシーチョン MAP•P127C1

巨 大ドームが目印の大型劇場。大劇場で伝統の雑技に最新技術を取り入れた『ERA-時空之旅』、中劇場で一般的な雑技を上演。

DATA 交M1号線上海馬戯城駅から徒歩1分 住共和新路2266号 ☎021-6652-5468 時チケット売場は10〜17時 休公演は不定期

公演は180〜380元

驚きの技が間近で繰り広げられる
上海商城劇院
上海商城剧院
シャンハイシャンチョンジュユアン MAP•P56A2

規 模が小さめでバイクショーはないが、臨場感たっぷりのショーと好ロケーションで人気の劇場。公演は不定期なため事前に要確認。

DATA 交M2・7号線静安寺駅から徒歩7分 住南京西路1376号(上海商城内) ☎021-6279-8948 時チケット売場は10時30分〜19時 休公演は不定期

動物
大好き

孫悟空のモデルといわれる金絲猴

人気者の動物が勢ぞろい
上海動物園
上海动物园
シャンハイドンウーユアン MAP•P126A2

中 国でも屈指の広さを誇る動物園。70万㎡という広大な敷地に、600種6000頭もの動物が飼育されている。金絲猴、揚子江ワニ、華南虎など、中国の固有種が見られる。

DATA 交M10号線上海動物園駅から徒歩1分 住虹橋路2381号 ☎021-6268-7775 時7時30分〜17時(11〜2月は〜16時30分) 休なし 料40元

お寺
大好き

全長96㎝のシンガポール製の玉製涅槃仏

玉製仏像を安置する名刹
玉仏寺
玉佛寺
ユイフオスー MAP•P132A1

清 代の光緒8年(1882)創建の禅宗寺院。浙江省・普陀山の仏僧、慧根がインドでの修行から戻る途中に立ち寄ったミャンマーから持ち帰った5体の玉仏のうち、2体をこの寺に納めたのが始まり。玉仏座像は玉仏楼、涅槃仏は臥仏堂に安置されている。

DATA 交M13号線江寧路駅から徒歩5分 住安遠路170号 ☎021-6266-3668 時8時〜16時30分 休なし 料20元(玉仏楼拝観は別途10元)

寺で造られた木彫りの仏像が堂内に並ぶ

孫権創建の上海一の古刹
龍華寺
龙华寺
ロンホアスー MAP•P127C3

三 国志で知られる呉の孫権が赤烏5年(242)に創建したと伝わる上海最古の禅宗寺院。弥勒殿、天王殿、大雄宝殿(本堂)が一直線に配され、境内南側にそびえる報恩塔は7層8角で、高さ40.64m。

DATA 交M11・12号線龍華駅から徒歩2分 住龙华路2853号 ☎021-6456-6085 時7時〜16時30分 休なし 料10元(鐘楼は別途50元)

上海市内にはまだまだ
魅力のスポットがある。
エンタメ、歴史、動物など、
テーマに分けて
おすすめスポットを紹介。
時間があればぜひ訪れてみよう。

旧居前に立つ毛沢東の像と資料室内部

歴史
大好き

中国建国の父が住んだ住居
毛沢東旧居
毛泽东旧居
マオゾードンジウジュ　MAP•P133C3

毛 沢東が1924年6月から約半年の間、楊開慧夫人とその母、2人の息子と住んだ旧居。

DATA 交Ⓜ2・12・13号線南京西路駅から徒歩5分住茂名北路120弄☎021-6272-3656時9〜11時、13〜16時休月曜料なし

右側の建物が周公館

内戦前夜を物語る建物
周公館
周公馆
ジョウゴングァン　MAP•P129D2

共 産党と国民党の国共内戦前夜の1946年6月に、中国共産党代表団の上海事務所が設立。周恩来の邸宅と称したことから名づけられた。

DATA 交Ⓜ13号線淮海中路駅から徒歩15分住思南路73号☎021-6473-0420時9〜16時休月曜料無料

広いのでお目当ての場所を確認してから見学

ミュージアム
大好き

中国4000年の歴史が迫りくる
上海博物館
上海博物馆
シャンハイボーウーグァン　MAP•P134A2

収 蔵点数12万点を誇る中国屈指の博物館。みどころは貴重な作品も多い1階の中国古代青銅館と2階の中国古代陶瓷館。

DATA 交Ⓜ1・2・8号線人民広場駅から徒歩5分住人民大道201号☎021-6372-3500時9〜17時(入場は〜16時)休なし料無料

1940年にアメリカで造られた蒸気機関車

本物の蒸気機関車を展示
上海鉄路博物館
上海铁路博物馆
シャンハイティエルーボーウーグァン　MAP•P127C1

1 909年築の英国式建物を利用して造られた鉄道博物館。実際に走っていた蒸気機関車や客車などを展示。運転台からの景色を見せる車両形のシミュレーターが楽しい。

DATA 交Ⓜ3・4号線宝山路駅から徒歩5分住天目東路200号☎021-5122-1987時9〜11時、14〜16時休月曜料10元

西洋の著名人も名前は漢字で表記してある

あこがれの香港スターにも会える
マダムタッソー蝋人形館
杜莎夫人蜡像馆
ドゥーシャーフーレンラシアングァン　MAP•P57F1

ス ティーブ・ジョブズ、レディー・ガガといった西洋の著名人から、中国のスターまで幅広い有名人の蝋人形が一堂に会している。

DATA 交Ⓜ1・2・8号線人民広場駅から徒歩2分住南京西路2-68号新世界城10階☎400-0988966時10〜21時(入館〜20時)休なし料190元

映画のワンシーンを再現した模型がいっぱい

映画
大好き

ファン必見のコレクションも!
ジャッキー・チェン博物館
成龙电影艺术馆
チョンロンディエンインイーシューグァン　MAP•P126B2

映 画スター、ジャッキー・チェンの博物館。撮影で使用された衣装や小道具、足跡をたどる資料や写真などが多数展示されている。ミュージアム・ショップを併設。

DATA 交Ⓜ13号線大渡河路駅から徒歩10分住云岭東路88号☎021-6071-3232時9時30分〜18時休月曜料158元

上海発 → ちょっとそこまで 其之壱

上海の周辺には江南の穏やかな自然に恵まれた水郷の古鎮や、
歴史と文化に彩られた古都など、上海とは趣を異にする街や村が散在している。
鉄道の高速化により、いずれも日帰りが可能だ。

ハクモクレンが咲く拙政園の庭園

コウランの大木が見事な滄浪亭の中庭

蘇州

苏州 スージョウ MAP P103A1

世界遺産

拙政園中庭の荷風四面亭から遠香堂へいたる橋

春 秋時代、呉国の都として築かれたこの街は近世になっても物資の集散地として繁栄を続ける。江南の穏やかな気候に恵まれた土地は文人墨客を集め、贅沢な庭園が次々と築かれた。これらの庭園は現在60カ所ほど存在するが、そのうちの9カ所が蘇州古典園林として世界遺産に登録されている。これらの庭園をぜひ鑑賞しよう。古くからの家並みが残る水郷エリアもあり、風情が漂う。上海からは高速鉄道を利用して30分ほど。日帰りで十分に江南の歴史と文化を楽しむことができる。

1 世界遺産の庭園を鑑賞する
世界遺産に登録されている庭園は9カ所。すべて1日で見るのは難しいが、代表的な拙政園、留園などがおすすめ。そのほか獅子林、滄浪亭などがある。閉園時間に注意しよう。

2 山塘街で水郷情緒を楽しむ
留園の近くにある山塘街は水路に沿って昔の街並みを再現した商店街。船で運河を遊覧することもできる。みやげ物店や飲食店もあるので、買い物がてら歩くのも楽しい。

3 見た目も細やかな蘇州料理を
川魚を使った料理が多い蘇州料理。中でも桂魚をから揚げにして甘酢あんかけで調理する「松鼠桂魚」が名物。外はパリパリで、中は身がふっくらしていておいしい。

蘇州1日観光モデルコース

蘇州駅
↓ タクシーで約10分
拙政園 — 世界遺産の庭園鑑賞
↓ タクシーで15分
山塘街 — 昼食&ショッピング
↓ 徒歩10分
留園 — 世界遺産の庭園鑑賞
↓ タクシーで15分
蘇州駅

拙政園 | 拙政園 ジュオジョンユアン

中園にある
悟竹幽居(左)

中 国四大名園のひとつで、5万2000㎡の敷地を有する庭園。園内は東園、中園、西園の3つに分かれ、それぞれ異なった趣を持つ。明代庭園の風格に満ちている。**DATA** 東北街178号 0512-6751-0286 7時30分～17時30分（11月16日～2月末は～17時）休なし 当日90元（6月、11～3月は70元）
※チケットは前売制。旅行者には難しいため、旅行会社の代行などを利用するのがおすすめ

留園 | 留園 リィウユアン

清代造園芸術の代表格

清 代になって造園された庭園。北部の田園、中部の山水、東部の楼閣、西部の山林に分けられ、変化に富んだ景観が楽しめる。頤和園、避暑山荘、拙政園と並ぶ中国四大庭園のひとつ。**DATA** 留園路338号 0512-6557-9466 7時30分～18時 なし 55元（6月、11～3月は45元）

寒山寺 | 寒山寺 ハンシャンスー

月 落ち烏鳴いて霜天に満つ」で始まる唐詩「楓橋夜泊」縁の古刹。現存する伽藍は清代末期に再建されたもの。境内には張継の詩碑や大殿、蔵経楼、鐘楼などがある。**DATA** 寒山寺弄24号 0512-6534-8048 7時30分～17時 休なし 20元

山塘街 | 山塘街 シャンタンジエ

留 園の近く、山塘河に沿って立ち並ぶ商店街。明清時代の街並みを再現して造られた。みやげ店や老舗中国料理店などがある。山塘河には小舟が行き交い、水郷の古村の情緒が感じられる。**DATA** 0512-6531-5767 8～17時（玉涵堂は～21時）休なし 45元（周遊券）

得月楼 | 得月楼 ドーユエロウ

老 舗の蘇州料理店。創業400年の歴史を誇る。名物の「松鼠桂魚」や、カニミソに卵白をかけたものなど、凝った料理が多い。VIPの利用も多いとか。**DATA** 観前街太監弄43号 0512-6522-2230 10時30分～14時、16時30分～21時 なし

同得興 | 同得興 ドンドーシン

細 くしなやかな食感が特徴の蘇州麺が味わえる人気店。よく煮込まれて舌触りがバツグンの豚肉と青菜をのせた、水晶湯麺が人気。塩味と醤油味が選べる。店内は蘇州伝統のインテリア。**DATA** 人民路嘉餘坊6号 0512-6511-3808 7～13時 なし

蘇州への交通→P102

杭州

世界遺産

●杭州 ハンジョウ　**MAP** P103A2

小雨や霞を被ると水墨画のような景観が

春には若芽が芽吹き、湖面が美しい緑に覆われる

夕焼け空の中にシルエットを見せる対岸の雷峰塔。「雷峰夕照」の景観

~10世紀に呉越国の都として栄えた、由緒ある古都。市の中心に擁する風光明媚な西湖が観光の中心。遊覧船で西湖十景などの絶景を楽しもう。湖畔に立つ雷峰塔からの眺めは秀逸。中国茶の産地で龍井茶が名産。茶畑に囲まれた中国茶葉博物館も訪ねよう。杭州料理は特徴のないのが特徴といわれるほどくせもなく、味わいも上品。手をかけて作られるものも多い。上海からは最速の高速鉄道で約45分~。杭州蕭山空港は日本からの直行便もある。2011年には、西湖周辺の景観、史跡などが世界遺産に登録された。

1 西湖遊覧船に乗ろう

湖上から見上げる景色は格別。湖畔に花が咲きそろう春は特に美しい。大きな遊覧船の合間を、民間の手漕ぎの小船が行き交う。❶杭州駅から船乗り場まで車で7分❷7~17時間での15分間隔❸普通55元、豪華70元（三譚印月料金20元込み）

2 中国茶を堪能する

杭州は龍井茶のふるさと。お茶の博物館から歴史のある茶館などもたくさんある。3月末頃から新茶の摘み取りが始まり、あちこちでのどかな茶畑の景色が見られる。4月の清明節の前には茶葉博覧会が開催される。

3 杭州料理もお試しあれ

手間隙をかけて作る料理が特徴の杭州料理。時間をかけて蒸し焼きにしたものや、一昼夜煮込む鶏料理などが名物。西湖畔にはたくさんの杭州料理店がある。北宋の詩人蘇東坡ゆかりの東坡肉（豚の角煮）は有名。

杭州1日観光モデルコース

杭州駅
↓ タクシーで約10分 　船は大小さまざま
西湖遊覧船めぐり
↓ 徒歩15分
雷峰塔 ← 展望台から西湖を眺めよう
↓ 湖畔で昼食
↓ タクシーで20分 　各種中国茶の試飲を
中国茶葉博物館
↓ タクシーで30分
杭州駅

西湖 | 西湖 シーフゥ

湖上から見る雷峰塔

市 の中心に広がる面積6.5㎢、周囲15kmの湖。湖中の島や周囲には西湖十景と呼ばれる景勝地が散在する。夜にはライトアップされた噴水ショーも行われ、観光客の人気を集めている。

西湖十景

西湖を季節や時間帯、場所など様々な角度から眺め、特に優れているとして定められた10カ所の景勝。古くは康熙年代に由来する。北宋の詩人蘇東坡もその美しさに魅せられ作品を残している。現在も「蘇堤春暁」「曲院風荷」など10カ所がある。

三潭印月

西湖十景のひとつ。湖の中ほどに浮かぶ明代に築かれた小島の南側の湖中に、3基の石灯籠が立っている。中秋になると蝋燭が灯され、灯火と月の光が湖面に照り映える様を鑑賞できる。

雷峰塔

西湖南岸の夕照山に立つ4層構造の塔。元は呉越王が975年に建てたものだが現在は建て替えられ4階の展望台までエレベータで上がることができる。西湖の眺めがすばらしい。**DATA** 🚃南山路15号🕐8時～20時30分（11～3月は～17時30分）💴40元

知味観 | 知味观 ジーウェイグァン

古 建築の店内で、健康にこだわったヘルシーな杭州料理が味わえる。ユニークな形の金牌東坡扣肉は128元。**DATA** 🏠高銀街71-73号📞0571-8783-1638🕐11～14時、16時30分～21時🈺なし 英ス 英メ

青藤茶館 | 青藤茶館 チントンチャグァン

800 席以上もある大型の茶館だが、店内には竹を使用したインテリアと控えめの照明で落ち着いた雰囲気。本場の龍井茶がおすすめ。88元～。**DATA** 🏠南山路278号元华广场2階📞0571-8702-2777🕐9時30分～24時🈺なし

中国茶葉博物館 | 中国茶叶博物馆 チョングオチャイエボーウーグァン

龍 井茶のふるさと、龍井村の茶畑の中に立つ博物館。中国茶の歴史や文化に触れられるほか、各種中国茶の試飲もできる。おみやげの茶葉も充実。**DATA** 龙井路88号📞0571-8796-4221🕐9時～16時45分🈺月曜💴無料

河坊街 | 河坊街 ホーファンジエ

南 宋時代の街並みを再現した商店街。みやげ物店から飲食店まで揃う。1878年創業の老舗漢方薬店、胡慶余堂には博物館も併設されている。**DATA** 🕐💴店により異なる。胡慶堂・漢方薬博物館は🕐8時30分～17時🈺なし💴10元

西湖周辺地図（杭州）

※ □ は西湖十景

0 1km

杭州への交通 ➡ P102

西塘

西塘 シータン **MAP P103A1**

白い土壁の家に囲まれた運河の上を手漕ぎの小船が行く

（石）桃の花が咲く聖堂の境内（中）楼閣や池が配された中国古典庭園の西園（左）運河は住んでいる人に生活の場だ

上海と杭州とのほぼ中間にある水郷の古村。手漕ぎの舟が行きかう運河沿いに細い路地が入り組み、1000年変わらぬ生活が今も続く。明清時代の古い建物や由緒ある寺院などが現存しており、一部は博物館、資料館として公開されている。宋代からかけられ始めた橋は100を超える。飲食店やカフェ、茶館、バーなどもあり、1日中いてもあきない。トム・クルーズ主演の映画の舞台になったことでも知られる。

DATA 浙江省嘉善県西塘鎮 0573-8456-2161 休 施設により異なる 100元（13カ所の施設入場料を含む）＋遊覧船1人20元

古橋
古桥
グーチアオ

西塘の運河にかかる橋は104を数える。安仁橋、五福橋など古くは宋代に造られたものも11脚現存する。ほとんどが石を組み上げた石橋で、舟を通すために丸や四角く開けた構造になっている。水面にシンメトリーを描く様も美しい。

酔園
酔园
スイユアン

明代に建てられた個人宅の庭園。かつて5つあった庭のうち、現在は3つ残る。狭い空間を生かして様々な石や灯篭が配され、見事な回遊式の庭園を作り上げている。奥には藝香齋という画廊があり、版画が展示されている。

博物館・陳列館

酔園などの邸宅・庭園のほか、酒文化博物館、明清木彫り館、寺院など、有料（100元の入場料に含まれる）で公開されている施設が11カ所ある。古村内は何時までもいられるが、これらの施設は大体17時頃に閉まってしまうので早めに見学を。

ひとやすみ

古村内のいたるところに食堂、茶館、カフェなどがあり、好みの場所でひとやすみできる。夕方になればしゃれたバーなども開く。

其之 四

七宝
七宝　チーバオ　MAP P126A3

上海市内から地下鉄を使って行けるミニ水郷

(上)コオロギの標本などが展示されている蟋蟀草堂の中庭。(中)果物を飴で包んだお菓子。(下)正面入り口にある牌楼

南 宋時代の街並みを復元して造られた水郷の古鎮。老舗もそのまま残っており、十分に水郷の雰囲気を楽しめる。飲食店の集まる南大街と、雑貨店や骨董店などがある北大街とからなり、古民家を利用した資料館や展示館などもある（有料）。地下鉄で気軽に行ける人気スポットだ。

(上)かわいい点心も販売。よりどりみどりだ。(左)小吃の店が立ち並ぶ南大街。食べ歩きも楽しい

DATA 住閔行区七宝鎮☎021-3410-0248時8時30分〜22時休なし料見学自由（8カ所の施設周遊券は30元）

其之 伍

烏鎮
烏鎮　ウージェン
MAP P103A2

東市河に沿って古い町並みが続く

浙 江省北部にある古鎮。京杭大運河のほとりにあり、1000年の歴史を誇る。黒塗りの塀が多いことから烏鎮と呼ばれた。細い水路が鎮内を縦横に巡り、劇が演じられる舞台や広場がある。現代作家茅盾の旧居や藍染めの工房、江南ベッド館、造り酒屋などが点在。

DATA 住浙江省桐乡市乌镇☎0573-8873-1773時休施設により異なる料東柵100元（往復バスとセット160元）、西柵120元（夜遊びチケット80元）、東西柵連票：150元

其之 六

朱家角
●朱家角　シュージアジアオ
MAP P103B1

放生橋は朱家角のシンボル

上 海市から約50kmに位置する古鎮。鎮内を巡る運河には36の橋がかかる。なかでも放生橋は全長70m、5つのアーチがかかる堂々とした橋。今でも頻繁に往来があるが、建造は1571年。清代の郵便局、楼閣や回廊が建てられた課植園など、みどころも多い。

DATA 住青浦区朱家角☎021-5924-0077時施設により異なる料見学自由（数カ所の施設周遊券は60元）※入場にはパスポートが必要

西塘・七宝・烏鎮・朱家角への交通→P102

蘇州 杭州 江南水郷への
アクセスガイド

上海から近郊の各都市、古鎮へは鉄道やバス、地下鉄など様々な手段が選べる。チケットを自分で買うのが面倒なときは、旅行会社が催行しているオプショナルツアーを探してみよう。

蘇州へ

🚃 電車で
上海駅または上海虹橋駅からの高速鉄道（G列車）を利用する。上海駅からは所要25〜44分、39.5〜121.5元。上海虹橋駅からは所要23〜40分、34.5〜121.5元。いずれも南京行き電車で蘇州下車。

🚌 バスで
上海南バスターミナルから高速バスで蘇州北または南バスターミナルへ。20〜30分間隔で出ており利用しやすい。

杭州へ

🚃 電車で
上海虹橋から高速鉄道（G列車）またはD特急で45分〜1時間42分。運賃は73〜219.5元（高速鉄道）、56〜89元（D特急）。高速鉄道は専用線を走り、5〜10分間隔で運行している。

🚌 バスで
上海南バスターミナルから杭州東バスターミナルなどへ高速バスの便がある。

西塘へ

🚌 バスで
上海旅游集散中心から西塘行きのバスが毎日2便運行。

七宝へ

🚃 地下鉄で
Ⓜ9号線七宝駅から徒歩15分。市内から近いのでタクシー利用が便利。

烏鎮へ

🚌 バス
上海旅游集散中心から烏鎮行きのバスが毎日3便運行。

朱家角へ

地下鉄・バスで
Ⓜ17号線朱家角駅から徒歩10分。また、上海旅游集散中心から大観園行きバスも毎日運行。

上海市内の駅＆バスターミナルガイド

上海駅
上海火車站　**MAP P127C1**

市の北にある中央駅。蘇州行きのほか杭州行きの一部超特急もここから出発する。硬座（普通席）と軟座（1等席）では入口が異なる。🚇Ⓜ1・3・4号線上海火車站駅からすぐ

虹橋火車駅
虹桥火車站　**MAP P126A2**

上海虹橋国際空港の西に隣接してできたターミナル駅。杭州、蘇州行きのほか、北京行きなどの高速鉄道CRHの発着駅となっている。🚇Ⓜ2・10号線虹橋火車站駅からすぐ

上海南駅バスターミナル
上海客運南站　**MAP P126B3**

上海南駅の南側にある高速バスターミナル。杭州、蘇州行きなどが発着する。🚇Ⓜ1号線の上海南站駅から徒歩3分

上海旅遊集散中心
上海旅游集散中心　**MAP P126B3**

上海体育場の南側にあるツアーバスセンター。近郊長距離バスも発着する。🚇Ⓜ1号線の上海体育館駅から徒歩10分

蘇州市内の交通

タクシー
初乗り3kmまで12元。以後1kmごとに2元（深夜は3.6元）加算される。

バス
駅や売店で交通図を購入して利用しよう。観光スポット各地を経由するバス路線があり、いずれも料金は1〜2元。

地下鉄
3本が運行。初乗り運賃は2元。以降、距離に応じて1〜5元加算。

杭州市内の交通

タクシー
初乗りは3kmまで11元、以後1kmごとに2.5元加算される。

バス
中国語が分からないと利用しづらいが、解放路を通って西湖の北岸沿いに霊隠寺まで行くK7路が観光に比較的使える。

地下鉄
地下鉄1・2・4号線が運行。初乗り運賃は2元。以降、距離に応じて1元単位で加算。

トラフィックINFO

（鉄　道）

種　類　高速鉄道、特急、快速、鈍行などの列車があるが、料金も安いのでなるべく速い列車を利用したい。高速鉄道の座席には一等（グリーン車）と二等（指定席）がある。

切符の買い方　高速鉄道の切符は、パスポートを駅や切符売り場の窓口で提示し、チケットにパスポートナンバーを刻印したうえでないと購入できない。乗車時には記名本人であることと、パスポートなどの身分証を提示することも必要。旅行会社などでも購入できるが、手数料がかかる。杭州、蘇州などへの遠距離の旅行の場合は、できれば出発前日までに往復分の切符を買っておきたい。上海駅の切符売場は、駅の外右側にある梅園路を渡ったところに上海站售票処（切符売場）がある。

乗り方　出発の30分前までには駅に行こう。乗車路線、列車番号、利用座席により入口と待合室が異なる場合があるので、入口で確認を。チケット、パスポートを提示して入り、指定された待合室へ進む。手荷物はX線のチェックを通す。到着駅を出る時もチケットを見せるので、なくさないように。

（高速バス）

切符の買い方　切符はバスターミナルで直接購入する。早朝発や便数の少ないバスの場合はなるべく前日までに購入しておくと安心。

乗り方　大きな荷物はX線のチェックを受けて待合室に入る。改札が始まったら大きな荷物はトランクに預け、乗車する。

（観光バス（旅遊バス））

切符の買い方　上海旅游集散中心で直接購入する。便数の少ない路線は前日までに入手しておこう。

乗り方　行き先や便により乗り場が違うのでよく確認を。往復旅游バスの場合、帰りの時間と集合場所は必ず確認しておこう。

OPツアーは日本語ツアーを利用

旅行会社各社が催行している現地オプショナルツアーなら日本語のガイド付きで快適な観光が楽しめる。マイバスデスクなら、現地で気軽に申し込み、利用できる。問い合わせも、予約も日本語でOK。予約は利用希望日の前日までに。☎021-6311-2460⏰8時30分〜17時30分（土曜は〜12時30分）㊡日曜、ほか臨時休業あり

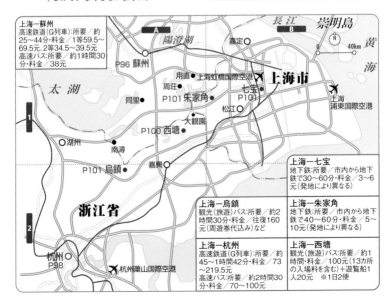

上海ー蘇州
高速鉄道（G列車）：所要／約25〜44分・料金／1等59.5〜69.5元、2等34.5〜39.5元
高速バス：所要／約1時間30分・料金／38元

上海ー七宝
地下鉄：所要／市内から地下鉄で30〜60分・料金／3〜6元（発地により異なる）

上海ー朱家角
地下鉄：所要／市内から地下鉄で40〜60分・料金／5〜10元（発地により異なる）

上海ー烏鎮
観光（旅遊）バス：所要／約2時間30分・料金／往復160元（周遊券代込み）など

上海ー杭州
高速鉄道（G列車）：所要／約45〜1時間42分・料金／73〜119.5元
高速バス：所要／約2時間30分・料金／70〜100元

上海ー西塘
観光（旅遊）バス：所要／約1時間・料金／100元（13カ所の入場料を含む）＋遊覧船1人20元　※1日2便

長江　崇明島　黄海

陽澄湖　嘉定○

P96 蘇州

太湖

用直●　●上海虹橋国際空港　**上海市**

周荘●　乐家角●　七宝●

同里●　松江○

P101　P101

大観園●

P100 西塘

湖州○

南潯●

P101 烏鎮●　嘉興○

浙江省

杭州○

P98

✈杭州蕭山国際空港

✈上海浦東国際空港

40km

ツアーでよく使われる ホテルリスト

※料金は1泊あたりの室料目安。
　¥＝1000元未満、¥¥＝1000元以上、¥¥¥＝2000元以上
※●…あり　▲…一部客室にあり　×…全客室になし
　（客室カテゴリーによって異なる場合あり）
※インターネット接続の環境、PC本体の有無や
　有料無料はホテルによって異なる。

エリア名		創業（改築）年	総客室数	日本語スタッフ	ネット接続環境	冷蔵庫	セーフティボックス	ヘアドライヤー

浦西

ウォルドーフ・アストリア上海オン・ザ・バンド Waldorf Astoria Shanghai on the Bund
上海外灘華尓道夫酒店
ヒルトン系列の最高級ホテル。スイート・ルーム中心の客室は豪華でエレガント。建物は歴史的な洋館をリノベーションしたもので風格も漂う。⊗M2・10号線南京東路駅から徒歩12分 ⊕中山東一路2号 ☎021-6321-9888 ⊕¥¥¥ [MAP] P41A4
2011年／257室

ロイヤルメリディアン上海 Royal Meridien Shanghai
上海世貿皇家艾美酒店
2006年オープンのフランス系ホテル。ハイセンスなこだわりが随所に見られ、落ち着いた雰囲気が好評。フランスで3つ星クラスのレストランも人気。⊗M1・2・8号線人民広場駅から徒歩1分 ⊕南京東路789号 ☎021-3318-9999 ⊕¥¥¥ [MAP] P30A2
2006年／770室

JWマリオットホテル・アット・トゥモロースクエア JW Marriott Hotel Shanghai at Tomorrow Square
上海明天广場JW万豪酒店
60階建てのトゥモロースクエアの38階以上を利用。客室とバスルームの窓からは幻想的な夜景を満喫できる。スタッフサービスも好評。⊗M1・2・8号線人民広場駅から徒歩5分 ⊕南京西路399号 ☎021-5359-4969 ⊕¥¥ [MAP] P57E2
2003（2015）年／342室

ホテル・ニッコー上海 Hotel Nikko Shanghai
上海日航飯店
常時日本語スタッフがおり、安心して滞在できる日系のホテル。客室は白色を基調としたモダンな造り。客室は38㎡～と広めで、ゆったりくつろげる。⊗M2・11号線江蘇路駅から徒歩10分 ⊕延安西路488号 ☎021-3211-9999 ⊕¥¥¥ [MAP] P126B2
2010年／382室

ラディソンブルホテル上海ニューワールド Radisson Blu Hotel Shanghai New World
上海新世界麗笙大酒店
人民公園の目の前にあり、上海観光には最高の立地。9階建てと47階建ての2つのタワーがそびえ、45階の回転展望レストランからの夜景は最高。⊗M1・2・8号線人民広場駅からすぐ ⊕南京西路88号 ☎021-6359-9999 ⊕¥¥¥ [MAP] P57F1
2005年／520室

フェアモント・ピース・ホテル Fairmont Peace Hotel
上海費爾蒙和平飯店
外灘のランドマーク的存在のクラシックホテル。外資の傘下に入り、2010年にリニューアルオープンした。客室は45㎡～とくつろげる広さ。⊗M2・10号線南京東路駅から徒歩5分 ⊕南京東路20号 ☎021-6321-6888 ⊕¥¥¥ [MAP] P41A2
1929（2010）年／270室

ザ・ペニンシュラ上海 The Peninsula Shanghai
上海半島酒店
外灘の景観に調和するアールデコの建物で、海外ブランドのショップやスパ、レストランなどが充実。サービスにも定評がある。⊗M2・10号線南京東路駅から徒歩10分 ⊕中山東一路32号 ☎021-2327-2888 ⊕¥¥¥ [MAP] P41A1
2009年／235室

ニューワールドホテル上海 New World Hotel Shanghai
上海巴黎春天新世界酒店
中山公園エリアのショッピング街にあり、ビジネスや観光に便利な立地がうれしい。ロビーは開放的な雰囲気で、客室は広々としていて気持ちいい。⊗M2・3・4号線中山公園駅から徒歩9分 ⊕定西路1555号 ☎021-6240-8888 ⊕¥¥¥ [MAP] P126B2
2003（2016）年／558室

快適ステイ術

●変圧器が必要…電圧は220V。携帯する電気機器類が対応していれば問題ないが、非対応の場合は変圧器とプラグが必要になる。プラグの形はホテルにより様々。マルチプラグがあると安心だ。
●飲料水はペットボトルで…水道の水は原則飲まないほうが無難。冷蔵庫や備え付けのペットボトルの水を利用しよう。コンビニに行けば1本2〜3元程度で買える。

Cタイプ　Oタイプ
この他にも数タイプの形がある

総客室数（創業（改築）
日本語スタッフ
ネット接続環境
冷蔵庫
セーフティボックス
ヘアドライヤー
アドレス

ハイアット・オン・ザバンド Hyatt On The Bund
上海外灘茂悦大酒店
2007年創業。黄浦江を望むロケーションに東楼と西楼が立つ。広々とした客室や、レストラン、スパ、フィットネスセンターなどが完備された豪華ホテル。❷M2・10号線南京東路駅から車で5分 ⬤黄浦路199号☎021-6393-1234⚠¥¥ **MAP** P127C1

2007年
631室

マジェスティ・プラザ Majesty Plaza Shanghai
上海南新雅大酒店
歩行者天国の南京東路に面して立つ。観光、ショッピング、食事に便利なホテル。タクシーの利用は反対側の、九江路側の入口を利用。❷M1・2・8号線人民広場駅から徒歩5分 ⬤南京東路719号☎021-6350-0000⚠¥¥ **MAP** P30A2

1999
(2015)年
387室

ホリデイ・イン・ダウンタウン上海 Holiday Inn Downtown Shanghai
上海广场长城假日酒店
上海駅にほぼ近い立地は、観光やビジネスに最適。カフェでは各国の料理が楽しめ、朝食は80元〜。❷M1・3・4号線上海火車站駅から徒歩5分 ⬤天目西路285号☎021-6016-7777 ⚠¥¥ **MAP** P127C1

1996
(2010)年
282室

メリーホテル上海 Shanghai Merry Hotel
上海美丽园大酒店
日本人のツアー旅行者に人気のホテル。静安商業中心に隣接しているのでショッピングにも便利。客室の施設も充実している。❷M2・11号線江蘇路駅から徒歩10分 ⬤延安西路396号☎021-6249-5588⚠¥ **MAP** P126B2

1998
(2011)年
342室

リーガル・インターナショナル・イースト・エイジア Regal International East Asia Hotel
上海富豪环球东亚酒店
クラシカルな雰囲気を漂わせるホテル。快適さを追求した施設とさわやかな色調でまとめられた客室が好評。ビュッフェレストランが品数豊富。❷M1号線衡山路駅から徒歩5分 ⬤衡山路516号☎021-6415-5588⚠¥¥ **MAP** P126B2

1997
(一部2016)年
320室

オークラガーデンホテル上海 Okura Garden Hotel Shanghai
花園飯店
バロック様式の旧フランス・クラブと33階建てのビルからなる。日本のホテル・オークラの経営だけあって、日本語対応は万全。2.8万m²の庭園も見事。❷M1・10・12号線陕西南路駅から徒歩3分 ⬤茂名南路58号☎021-6415-1111⚠¥¥ **MAP** P129C1

1990
(2008)年
471室

アンダーズ新天地上海 ANdAZ XINTIANDI, SHANGHAI
上海新天地安达仕酒店
ハイアット系列のラグジュアリーホテル。新天地エリアを一望できるモダンな客室には、LEDライトによる仕掛けがいっぱい。❷M1・7号線黄陂南路駅から徒歩5分 ⬤嵩山路88号☎021-2310-1234⚠¥¥ **MAP** P130A1

2011年
307室

フォーシーズンズホテル上海 Four Seasons Hotel Shanghai
上海四季酒店
3階まで吹き抜けになったロビーには四季の花々が咲き、上海砂漠の新オアシスを表現。客室は明るいゴールドを基調にしたクラシカル・エレガンス。❷M2・12・13号線南京西路駅から徒歩5分 ⬤威海路500号☎021-6256-8888⚠¥¥ **MAP** P56C2

2002
(2016)年
422室

→次もホテル

エリア名 ▼

創業（改築）／総客室数／日本語スタッフ／ネット接続環境／冷蔵庫／セーフティボックス／ヘアドライヤー

浦西

ウェスティン外灘センター上海 The Westin Bund Center Shanghai
上海威斯汀大飯店

外灘観光に最適で、屋上の王冠が目印。ロビーの吹き抜けには熱帯樹が茂り、小川が流れる。客室はゆとりと機能性を備えた贅沢な空間。スパも人気。❸M2・10号線南京東路駅から徒歩8分 ❸河南中路88号 ☎021-6335-1888 ❸¥ ❿ MAP P135C2

2002（2013）年 570室｜日本語スタッフ ●／ネット接続環境 ●／冷蔵庫 ●／セーフティボックス ●／ヘアドライヤー ●

ルネッサンス上海豫園ホテル Renaissance Shanghai Yuyuan Hotel
上海豫園万麗酒店

上海の観光名所、豫園を眼下に望む好立地。全館カジュアルなムードで統一され、夜には豫園のライトアップも楽しめる。外灘へも徒歩圏内。❸M10号線豫園駅からすぐ ❸河南南路159号 ☎021-2321-8888 ❸ MAP P135C3

2007年 341室｜日本語スタッフ ×／ネット接続環境 ●／冷蔵庫 ●／セーフティボックス ●／ヘアドライヤー ●

浦東

浦東シャングリ・ラ上海 Pudong Shangri-La Shanghai East Shanghai
浦東香格里拉大酒店

黄浦江に面して立ち、美しい夜景を望むことができる。新楼には、ワンフロアすべてがスパという贅沢な空間も。和食のなだ万など、一流レストランも人気。❸M2号線陸家嘴駅から徒歩6分 ❸富城路33号 ☎021-6882-8888 ❸¥ ❿ MAP P64A3

1998（2009）年 952室｜日本語スタッフ ×／ネット接続環境 ●／冷蔵庫 ●／セーフティボックス ●／ヘアドライヤー ●

グランドハイアット上海 Grand Hyatt Shanghai
上海金茂君悦大酒店

高層ビル金茂大厦の53〜87階を使用。54階のロビーからは一大パノラマが広がり、客室からの眺めもすばらしい。サービス、設備ともに最高級を誇る。❸M2号線陸家嘴駅から徒歩10分 ❸世紀大道88号 金茂大厦 ☎021-5049-1234 ❸¥ ❿ MAP P64C3

1999（2014）年 548室｜日本語スタッフ ●／ネット接続環境 ●／冷蔵庫 ●／セーフティボックス ●／ヘアドライヤー ●

パークハイアット上海 Park Hyatt Shanghai
上海柏悦酒店

上海ワールド・フィナンシャル・センターにあり、客室からの黄浦江と浦東のパノラマは最高。レストランはもちろん、最高級のくつろぎを得られる。❸M2号線陸家嘴駅から徒歩7分 ❸世紀大道100号 ☎021-6888-1234 ❸¥ ❿ MAP P65C3

2008年 174室｜日本語スタッフ ●／ネット接続環境 ●／冷蔵庫 ●／セーフティボックス ●／ヘアドライヤー ●

ジュメイラ上海 ヒマラヤホテル Jumeirah Himalayas Hotel Shanghai
上海卓美亜喜瑪拉雅酒店

日本人デザイナーが設計を手掛けた高級ホテル。ドバイに本拠を置くジュメイラグループの系列で、オリエンタルムードが漂う。高さ16mのロビーは圧巻。❸M7号線花木路駅から徒歩1分 ❸浦東櫻花路1108号 ☎021-3858-0888 ❸¥ ❿ MAP P126A1

2011年 295室｜日本語スタッフ ×／ネット接続環境 ●／冷蔵庫 ●／セーフティボックス ●／ヘアドライヤー ●

虹橋

虹橋錦江大酒店 Hongqiao Jin Jiang Hotel
虹橋錦江大酒店

骨董品が置かれたインテリアが重厚な雰囲気を醸し出している。ビジネス客にも便利。❸M10号線伊犁路駅から徒歩10分 ❸遵義南路5号 ☎021-6275-8888 ❸¥ MAP P126B2

1990（2009）年 587室｜日本語スタッフ ●／ネット接続環境 ●／冷蔵庫 ●／セーフティボックス ●／ヘアドライヤー ●

ミレニアム・ホンチアオ millennium Hongqiao Hotel
上海千禧海鴎大酒店

周辺には日本人向けのサービスがあるショップやレストランが多い。旅行者に便利な立地や洗練された客室のインテリアも好評。❸M10号線水城路駅から徒歩5分 ❸延安西路2588号 ☎021-6208-5888 ❸¥ MAP P126B2

2006（2013）年 368室｜日本語スタッフ ●／ネット接続環境 ●／冷蔵庫 ●／セーフティボックス ●／ヘアドライヤー ●

メルキュール上海ロイヤルトンホテル Mercure Shanghai Royalton Hotel
上海虹橋美仑居酒店

フランスとアジアのスタイルを見事に融合。虹橋開発区の中心部にあるので買い物にも便利。広東料理、スペイン料理レストランも入る。❸M2・3・4号線中山公園駅から徒歩10分 ❸武夷路789号 ☎021-5206-8000 ❸¥ MAP P126B2

2003（2017）年 239室｜日本語スタッフ ×／ネット接続環境 ●／冷蔵庫 ●／セーフティボックス ●／ヘアドライヤー ●

超！基本からお得ネタまで

上 海 の 鉄 則

上海DATAベース

正式国名・都市名…**上海市（中華人民共和国 直轄市）**
政治体制…**人民民主共和制（社会主義）**
人口・面積…**約2424万人（2018年）、約6340.5㎢**
言語…**中国語（北京語）**
日本との時差…**日本より1時間遅い**

▷ 基本が大事！

❶なにはともあれ、あいさつ
ちゃんとあいさつすることは、どこの国でも基本。まず「ニーハオ（こんにちは）」から始めよう。「シエシエ（ありがとう）」も覚えておきたい。

❷ミネラルウォーターが◎
水道水は硬水のため、日本人は下痢を起こしやすい。氷入りの飲み物や、かき氷なども要注意。市販のミネラルウォーターがおすすめだ。

❸トイレはもちろん水洗です。が…
観光施設などのトイレは衛生面でかなり改善されてきたが、郊外ではドアの上下がない簡易タイプもあるので、できれば出発前にホテルですませておきたい。

▷ お得なルールあります

❶旨い♪は専門店にあり
上海・江南、広東、四川、北京など、中国各地料理のレストランが揃うほか、イタリア料理やフランス料理、タイ料理など世界の味が揃うのも上海の魅力。

❷どうする？一人ごはん
上海では、日本でいう「定食」も食べられる。麺料理は値段もリーズナブルで、日本系のラーメン店も多い。

❸1階と2階で値段が異なる専門店
街中のレストランでは1階が一般席。2階が高級席と区別されていて、同じ料理でも2階では値段が高くなることがある。

❹小吃店・屋台などもチェック！
「小吃（シャオチー）」の店や屋台などは、地元の人で賑わう。ファストフードも日本でもおなじみのチェーン店から、中国オリジナルの店までたくさん。

❺ボリュームたっぷりのお弁当も嬉しい♪
「盒飯（ホーファン）」というお弁当は、おかずを2～3品選んで、ごはんのパックとセットにするものが多く、ボリュームもたっぷりでかなりお得。

❻「おいしいお店には人が集まる」の法則
おいしいお店を選ぶ目安は、万国共通。人がたくさん入っている店や行列のできる店は期待大。

❼在住者のオススメのお店もチェック！
最近はウェブ上で、在住者や旅行者が実体験を元に、ブログなどでおすすめ店の情報などを公開していることも多い。出発前にチェックしておこう。

▷ マナーですから

❶写真撮影NGです
寺院や教会の建物内部、仏像、美術品の展示品などは基本的に写真撮影禁止のところが多い。また、見知らぬ人を撮影する際はひと言断るのがルールだ。

❷タバコ事情
地下鉄駅構内や車内、寺院、博物館などの公共施設はもちろん、レストランやカフェなども基本的に禁煙。タバコのポイ捨ても禁止。

❸飲酒は節度を守って
中国ではレストランや公共の場で泥酔したり、羽目を外すような行為は恥ずべきこと。中国の白酒（蒸留酒）は50度を超えるほどアルコール度が高いので、酒量をわきまえて悪酔いしないように。

まだまだ続く

◐レストランでのマナー

高級レストランでもネクタイを着用したりドレスアップしたりする必要はない。スープ類はレンゲを使い、カップに直接口をつけて飲む習慣はない。

▶ 備えあれば憂いなし！

◐行く前に確認

外務省の海外安全ホームページで、渡航先の治安状況、日本人被害の事例を確認できる。

🔗www.anzen.mofa.go.jp

◐被害を最小限にするワザ

・空港やホテルの手続き中や会話中に置き引きに遭うことが多いので、荷物は足に挟み、バッグ類は抱えること。
・貴重品や現金などは、ホテルのフロントやセーフティボックスに預ける。
・外出するときは、現金、クレジットカード、トラベラーズ・チェックは分散してしまっておく。
・気軽に日本語で話しかけられ、親切にされても安易についていかない。
・刺身などの生ものは上海在住の日本人が通う店に行くほうが安心。また、日本人は肝炎にかかるリスクが大きいので、生水は避け、衛生的な店で熱処理した食べ物を食べるようにしよう。
・夜間の女性の一人歩きはもちろん、人通りの少ない路地裏は避けよう。

▶ ピンチ！のときは

◐病気がひどくなってきた！

ためらわずに病院へ。外国人専用のクリニックや病院の外国人外来で診察を受けることになるが、最近は日本語のわかる医師や看護師がいる病院が増えた。初診

料は病院によって異なるので、まずはホテルのフロントに相談を。海外旅行傷害保険に加入していれば、キャッシュレス診療が受けられるので便利（保険会社に確認のこと）。

> 外国人向けの主要病院
> ［上海浦東森茂診療所］☎021-6841-0513

◐パスポートがない！

パスポートの盗難にあった(紛失した)場合は、まず現地の警察に届け出て事案発生証明をもらう。次に公安局でパスポート紛失証明を発行してもらう。そして日本領事館にパスポート紛失証明と紛失一般旅券等届出書1通（窓口にある）、写真（45mm×35mm）2枚、戸籍抄（謄）本1通を提出し失効手続きと新規発給手続きを行う。帰国のための一時渡航書は2～3日で発行してくれる。

◐クレジットカードがない！

まずカード会社に連絡し、カードを無効にしてもらう。不正使用されたときの証明のため、警察に行って盗難（紛失）届出証明書を発行してもらう。

> ［在上海日本国総領事館］
> **DATA**🏠万山路8号（本館）、延安西路2299号13階（別館・日本人窓口）☎021-5257-4766,021-5257-4768(査証専用)🕐9時～12時30分、13時30分～17時❌土・日曜、祝日**MAP** P126B2
> 🔗www.shanghai.cn.emb-japan.go.jp/

> ［消防］☎119　　［救急車］☎120

> ［警察］☎110

> カード会社緊急連絡先
> ［Visaグローバル・カスタマー・アシスタンス］
> （チャイナ・テレコム）☎10800-4400084
> ［JCBプラザ・上海］☎021-6326-0325
> ［Master Card（マスターカード）］
> ☎10-800-110-7309（日本語希望の場合、Japanese Speaker Please.と最初に伝える）

▶ 国際電話したい！

◐上海から日本への一番安い方法

簡単で通話料も安いのは直接相手にかかる国際ダイヤル直通。例えば東京03-1234-5678にかけるなら00（国際識別

番号)-81（日本の国番号）-3（市外局番。最初の0」を取る）-1234-5678（相手の電話番号）。料金は利用する電話会社により異なる。

●携帯電話やスマートフォンを利用するなら

事前に各電話会社の海外用プランに申し込んだり、海外用Wi-Fiルーターを空港などでレンタルすれば、現地でも自分の携帯電話やスマートフォンが利用できる。

●電話会社のサービスを利用するなら

KDDIスーパージャパンダイレクト

108-2810（北京など主に北部は108-810。オペレーターを通す場合は108-2811、北京など主に北部は108-811※）⇒クレジットカード番号＃⇒暗証番号＃⇒相手の電話番号＃（最初の0から）料金の目安は、日本時間の月～金曜の8～19時で最初の1分が6秒ごとに17円、その後は6秒ごとに16円。

●公衆電話からは

テレホンカード用とコイン用があり、テレホンカード用は国際ダイヤル直通で国際電話がかけられ、カード操作は基本的に日本と同じ。コイン用は1元を入れると、上記のスーパージャパンダイレクトを利用できる。雑貨店やドリンク類の売店などで電話機を貸し出しているところがあり、かけ方は国際ダイヤル直通と同じだ。終わってから料金を払い、お釣りをもらう。

●国際電話の国番号
- ●中国…86
- ●日本…81

◁◀ 日本から上海へ国際電話したい！

マイラインやマイラインプラスに登録している場合は「010 - 86（中国の国番号）-相手の電話番号（市外局番の最初の0を取る）」。登録していない場合は各電話会社の識別番号（KDDI/001、ソフトバンク/0061、NTTコミュニケーションズ/0033）-010-86-相手の電話番号（市外局番の最初の0を取る）」となる。

◁◀ 上海で市内電話したい

携帯電話が普及しているが、コイン式やカード式の公衆電話も多い。市内通話は1元。コイン式電話は日本と同じ使い方。テレホンカードは省ごとに違い、省が変わると使えないので注意。また、地方では商店の軒先などにある「電話（ディエンホア）」と書かれた簡易電話機は使った後で料金を精算する仕組みだ。

◁◀ その他の通信事情は？

●メールを送りたい

ほとんどのホテルでWi-Fiサービスを提供しているので、フロントでパスワードや料金を確認してみよう。高級ホテルなら無料の場合もある。海外用のWi-Fiルーターも便利。

●ポストカードを送りたい

はがきや封筒は郵便局やホテルにある。宛先に「日本」または「JAPAN」と書き、「AIR MAIL」と入れるのを忘れずに。住所と名前は日本語でOK。投函する際は、郵便局の窓口か料金分の切手「郵票」（ヨウピアオ）を貼って郵便ポストへ。はがき4.5元、封書20g以下5元。約1週間で日本に届く。

●荷物を別送したい

小包／おみやげなどで荷物が多くなった場合は、小包で日本へ送ることもできる。小包は梱包せずに郵便局の窓口に持っていく。郵便局で小包書類を書き、中身を見せてから梱包する。中国出国時（申告するものがある場合）と日本入国時に税関での申告が必要になる。また、届くまでに日にちを要したり、届かなかったり、中身が破損していたりとトラブルも多い。別送はなるべく避けたい。

※利用する電話機がChina Telecom (108-2810/108-2811)、またはChina Network Communications (108-810/108-811) のどちらとの契約により、かける際のダイヤル番号が異なる。片方の番号で利用できない場合は、もう一方の番号を試してみよう

あっという間の3時間！

到着後

まずは、「入国」

入国審査前に書類を用意しておこう

人の流れに乗っていけば問題ない。

到着 Arrival	上海の空の玄関口は上海浦東（プゥドン）国際空港と上海虹橋（ホンチャオ）国際空港。飛行機を降りたら、案内表示に沿って入国審査エリアまで移動。

⬇

問題がなければ入国審査へ進む。

検疫 Quarantine	流行性の病気などが発生した場合は、検疫で健康申告カード（➡P113）を提出する。配布されない時は記入不要。

⬇

14～70歳までは指紋と顔写真の採取も行われる。

入国審査 Immigration	外国人用（外国人通道／Internationals）に並ぶ。審査官に入国カードとパスポートを提出し、審査が終わると審査官が入国スタンプを押して出国カードとともに返してくれる。

⬇

荷物受け取り Baggage Claim	自分が利用した便名が表示されたターンテーブルへ行き、自分の荷物が出てきたらピックアップする。

⬇

税関 Customs	免税範囲を超える場合や申告が必要な物品がある場合は、税関申告書に申告項目を記入し、赤の通路へ進む。免税内の場合は緑の通路に進む。

⬇

到着ロビー Arrival Lobby	税関を通過すると到着ロビーへの出口。ツアーのガイドや出迎えの人たちが待っている。混雑時はスリなどに注意。タクシーやバス、地下鉄で移動する人は近くの銀行で両替しておこう。

中国入国条件

パスポート
パスポートの残存有効期間は、ビザ免除の場合入国時に6カ月以上あることが望ましい。

ビザ
観光、商用、親族訪問目的で入国し、滞在が15日以内の場合ビザは免除される。それ以外の場合はビザが必要なので、中国大使館に確認を。ビザは旅行代理店などを通して申請する。

空港は英語でOK

実践カンタン会話

旅行の目的は何ですか？
What's the purpose of your visit?

観光です。
Sightseeing.

荷物がみつかりません。
I can't find my baggage.

※ビザに関する詳細は **URL** www.china-embassy.or.jp/jpn/

入国書類記入例

> 機内で配られるのであらかじめ書いておくと便利!

① 姓(ローマ字)

② 名(ローマ字)

③ 国籍

④ パスポート(旅券)番号

入国カード(ARRIVAL CARD)

⑤ 中国での連絡先(滞在するホテルでよい)

⑥ 性別(男性はMale、女性はFemaleにチェックを入れる)

⑦ 生年月日(西暦で書く)

⑧ ビザ番号(ビザ免除の場合は記入しない)

⑨ ビザ発行地(ビザ免除の場合は記入しない)

⑩ 入国時の搭乗便名(搭乗券に記してある)

⑪ 入国目的(観光の場合はSightseeing/in leisureにチェックを入れる)

⑫ 署名(パスポートと同じサイン。日本語でOK)

税関申告書

①姓名(ローマ字) ②性別(男性はMale、女性はFemaleにチェックを入れる) ③生年月日(西暦で書く) ④国籍 ⑤パスポート(旅券)番号 ⑥入国者記入欄 ⑦搭乗地 ⑧入国時の搭乗便名(搭乗券に記してある) ⑨入国日(西暦で書く) ⑩動植物およびその製品、微生物、生物学的製品、人体組織、血液および血液製品 ⑪(中国居住者)国外で入手した総額5000元を超える価値の物品 ⑫(中国非居住者)中国国内で使用する総額2000元を超える価値の物品 ⑬免税範囲(下記参照)を超えるアルコール、たばこ ⑭②万元を超える現金、またはUS＄5000相当額を超える外貨 ⑮別送荷物、商品、商品見本、広告品 ⑯②税関に申告すべきその他の物品 ⑰出国者記入欄 ⑱目的地 ⑲出国搭乗便名(搭乗券に記してある) ⑳出国日(西暦で書く) ㉑文物、絶滅危惧の動植物およびその製品、生物種の資源、金銀などの貴金属 ㉒(中国居住者)カメラ、ビデオカメラ、パソコンなどで、本人が旅行中に使用し持ち帰る単価5000元を超える物品 ㉔商品、商品見本、広告品 ㉕上記であてはまるものについて品名/通貨の種類、型番、数量、金額を記す(右端は税関記入欄) ㉗署名(パスポートと同じサイン。日本語でOK)

※⑩～⑯・㉑～㉕については該当する場合はチェックを入れる
※⑩～⑯は中国入国時、⑱～㉕は出国時に記入。
※免税範囲を超える物品を所持している場合は申告が必要となるが、手続きが煩雑で時間がかかる。一般の観光旅行の場合は、必要最低限のものを持って行くようにし、できるだけ免税範囲を超えないようにしよう。

中国入国時の制限に注意

免税範囲

アルコール度数が12%を超える酒類は1.5ℓまで、紙巻タバコ400本まで(あるいは葉巻100本、刻みタバコ500gまで)。以下のものは入国時に税関への申告が必要。US$5000相当額を超える外貨及び人民元2万元を超える現金。骨董品、非居住者が出国時に中国国内に置いていく物品で2000元以上のもの。

持ち込めないもの

主な輸入禁止物品は麻薬、大麻、覚せい剤、武器類、中国の秩序に反する印刷物・わいせつ物、果物など。主な輸入禁止制限物品は、絶滅のおそれのある動植物、希少な貴金属、骨董品など。

→次は「空港ガイド」

あっという間の3時間！

到着後

浦東空港虹橋空港ガイド

上海浦東国際空港 **MAP** P126A1

上海虹橋国際空港
上海市
上海浦東国際空港

市街の東方30kmの所にあり、日本と上海を結ぶほとんどの国際線が発着するターミナル。上海市内へはタクシー、リニアモーターカー、エアポートバス、地下鉄などでアクセスできる。中国国内線が発着する上海虹橋国際空港と地下鉄2号線でつながったが、乗り換えなどもあり、空港間の移動は2時間程度みたほうがよい。

第1ターミナルと第2ターミナルがあり、第1ターミナルからは中国東方航空、日本航空などが離発着、第2ターミナルからは中国国際航空、全日本空輸などが離発着している。各ターミナルビルの間にリニアモーターカー駅、地下鉄駅、駐車場がある。2019年9月にサテライトターミナルがオープンし、一部の路線で利用されている。入国審査などは、第1・2ターミナルにシャトルで移動してから行われる。

第1ターミナル
3階建てて正面に向かって左が国際線、右が国内線。2階で検疫、入国審査を受け、1階の税関を通って到着フロアに。出発フロアは3階。

第2ターミナル
4階建てて3階が国際線、2階が国内線。2階に検疫、入国審査、税関があり、到着フロアは2階。出発フロアは3階。

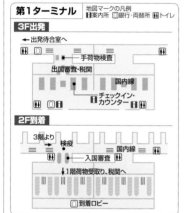

第1ターミナル 地図マークの凡例 🛈案内所 🏦銀行・両替所 🚹トイレ

3F出発

← 出発待合室へ

手荷物検査
出国審査・税関
国内線
チェックイン・カウンター

2F到着

3階より
検疫
国内線
入国審査
↓1階荷物受取り、税関へ
🛈 到着ロビー

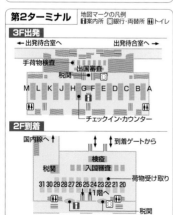

第2ターミナル 地図マークの凡例 🛈案内所 🏦銀行・両替所 🚹トイレ

3F出発

← 出発待合室へ　　出発待合室へ →

手荷物検査
出国審査
税関
M L K J H G F E D C B A
チェックイン・カウンター

2F到着

国内線へ　　↑ 到着ゲートから
検疫
税関　　入国審査
　　　　　　　　荷物受け取り
31 30 29 28 27 26 25 24 23 22 21 20
1階へ
税関

■空港案内所　第1ターミナル3階の出発フロアの中央や、第2ターミナル3階出発フロア中央などにある。
■銀行・両替所・ATM　第1ターミナルは、銀行や両替所が2階到着フロアと3階出発フロア、搭乗待合所、手荷物受取所の脇にある。両替所の脇にATMもあり、人民元を引き出せる。第2ターミナルは、2階到着フロアと3階出発フロア、搭乗待合所にある。
■郵便局　第1・第2ターミナルともに3階の出発フロアにある。
■ビジネスセンター・携帯電話レンタル　第1ターミナルは2階到着フロアにあり、コピー、ファックス、長距離電話などを利用できる。ビジネスカウンターと同じカウンターで携帯電話のレンタルもできる。第2ターミナルはビジネスカウンターが2階到着フロア中ほどにあり、携帯電話のレンタルは左側カウンターで受け付けている。

上海虹橋国際空港 MAP P126A2

市街の西15kmにあり、羽田空港便が発着する。国際・国内線の第1ターミナルと、国内線の第2ターミナルがあり、第1ターミナルは地下鉄10号線、第2ターミナルは2・10号線が乗り入れる。第2ターミナルは杭州、北京などへの新幹線が発着する鉄道駅の虹橋火車站駅と隣接しているが、距離があるので地下鉄を利用しよう。

日本航空や全日空が運航している。建物は2階建てで、向かって左側が国際線、右側が国内線となっており、1階が到着フロア、2階が出発フロアだ。
■空港案内所　2階の中央にカウンターがあり、「？」のマークが目印。
■銀行・両替所・ATM　到着フロアの手荷物受取所付近や出発フロアに両替所がある（両替手数料50～60元）。空港周辺の銀行でも両替できる。

第1ターミナル

地図マークの凡例　▦案内所　㊎銀行・両替所　🚻トイレ

虹橋空港トラフィックインフォメーション
●地下鉄…地下鉄2号線が市街と第2ターミナルを、地下鉄10号線が第1ターミナルと第2ターミナルを結んでいる。どちらも虹橋火車站駅に乗り入れ。第2ターミナルから市街南部に行くときは10号線が便利。
●タクシー…空港ではタクシー乗り場以外ではタクシーに乗れないため、乗り場は長蛇の列になることが多い。そのため、白タクから声をかけられることもあるが、利用しないほうがよい。

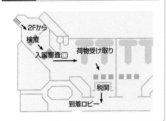

「健康申告カード」とその書き方（例）

健康申告カード（健康カード）は2010年4月より、入国時の提出は不要となっており、行きの機内などで配られることはない。しかしインフルエンザなど流行性の病気が発生した場合は提出が必要になる場合があり、配布されたら記入して提出する。

①姓名　②性別　③生年月日　④国籍　⑤パスポートナンバー　⑥目的地　⑦搭乗便名　⑧キャビン番号（船などの場合）　⑨シート番号　⑩7日以内に中国を離れる場合の出国日　⑪目的地（国名）　⑫出国時の便名と旅程　⑬7日間以上中国に滞在する場合の旅程　⑭次の目的地への便名　⑮出発　⑯今後7日間の中国での滞在先住所、ホテル名　⑰滞在先の電話番号　⑱本人以外の緊急連絡先日本でも可）と⑲緊急連絡先の電話番号　⑳過去7日間に滞在した国、都市（町）　㉑過去7日間にインフルエンザ感染者またはそのような症状のある人と濃厚接触がありましたか　㉒下記の症状がある場合チェックを入れてください（左上から）発熱、咳、喉の痛み、筋肉痛・関節痛、鼻づまり、頭痛、下痢、嘔吐、鼻水、呼吸困難、倦怠感　㉓その他の症状　㉔パスポートの名前　㉕本日の日付

HEALTH DECLARATION FORM ON ENTRY/EXIT
Entry–Exit Inspection and Quarantine of the P.R.China

※カードの書式は変更になることがある

→次は「両替」

入国後

「両替」どうする?

通貨は元

中国の通貨は人民元（人民幣）。RMBとも表記され、中国人民銀行の発行。単位は元（ユエン、紙幣では圓）、角（ジアオ）、分（フェン）で、1元＝10角＝100分。レートは変動相場制で、1元＝約15.7円（2019年12月現在）。人民元（人民幣）は新旧多くの種類の紙幣、硬貨が発行されているが、実際に流通しているのは主に下記。ときに旧紙幣が混ざることがあるが使用可能。

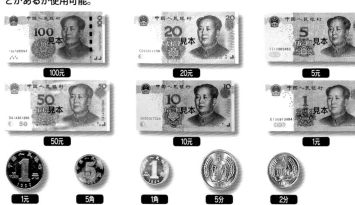

100元　20元　5元
50元　10元　1元
1元　5角　1角　5分　2分

知らなきゃ損する!? 中国お金事情

その1
使えるお金の種類は3つ
中国では現金、クレジットカード、国際キャッシュカードの3種類が使える。上海で使う場合の注意点は以下のとおり。
◎現金…空港をはじめ現金から現地通貨に両替できる窓口は多いが、多額の現金を持ち歩くのはトラブルの元となるので要注意。特にスパやエステ、マッサージなど、手荷物を身辺から離れた所に置く可能性があるときには、できるだけ必要最小限のお金のみ持ち歩くようにしたい。
◎クレジットカード…外国人の利用が多いホテルやレストラン、みやげ物店で使えるが、一部のカードしか使えないことと信用重視の店以外では使わないことが大事。最近ではホテルで保証金を求められることが増えたので、1枚あると便利。
◎国際キャッシュカード…利用できるATMが限られ、適用されるレートは各カードの規定による。

その2
現金の両替はどうする?
国際空港や市内の銀行、3ツ星クラス以上のホテルで両替ができる。空港内の銀行では手数料が必要。最近では空港の到着ロビーやホテルに自動両替機が置かれ始めた。手数料もかからないので、最も好レートで両替できる。両替にはパスポートが必要。

その3
小口の両替を心がけよう
大きな金額を両替した場合、使い残した現金は出国時に再両替すればいいが、そのときにまた手数料（50～60円）が必要になる。両替はこまめに小額を両替するようにし、滞在中に使い切るようにしよう。

その4
ニセ札に注意
買い物したとき、釣り銭にニセ札が混ざっていることがあるので要注意。ニセ札には透かしが入っていないものが多いので、釣り銭を受け取ったその場でしっかりチェックするように。また、高額紙幣で買い物をしたときは日に透かしてみたり、機械で真贋の確認をされることもあり、小さな店では嫌がられることが多い。

<table>
<tr><td>その5</td><td>

中国式買い物術
デパートや大きな商店などはキャッシャーが別の場所にあることが多い。この場合の手順は次のとおり。①買う商品を決定→②購入票をもらってキャッシャーに行く→③支払いをすませ、レシートをもらう→④売り場に戻りレシートを提示→⑤商品を受け取る。お金だけ払い商品を忘れないように。

</td></tr>
<tr><td>その6</td><td>

地下鉄の券売機はコインが重宝
地下鉄の券売機で紙幣を使うことはできるが、ヨレヨレだと受け付けないケースが多い。実際、紙幣はヨレヨレのものが多く、コインもたまりがちになるので、小さな金額のときはコインを積極的に使うようにしよう。

</td></tr>
<tr><td>その7</td><td>

スマホ決済のみ対応のお店も
スマホを店頭でかざすことで決済できる、モバイル決済サービスが一般化している中国。中にはスマホ決済以外は対応していない店もあるので注意したい。

</td></tr>
<tr><td>その8</td><td>

交通カードで小銭対策
「上海公共交通カード」(→P119) は、バス、地下鉄、渡船のほか、タクシーでも使えるIC交通カード。地下鉄駅やコンビニでチャージできるので、小銭の心配がなくなり便利。

</td></tr>
</table>

これだけ覚えればOK！
実践カンタン会話

両替をしてください
请换钱
チンホワンチエン

両替所はどこですか？
外币兑换所在什么地方?
ワイビドゥイホワンスオザァイシェンモディファン

これを細かくしてください
请给我换成零钱
チンゲイウオホワンチョンリンチエン

計算が間違っていませんか？
没有算错吗?
メイヨウスワンツオマー

日本円で払えますか？
用日元能支付吗?
ヨンリーユアンノンジーフーマー

このクレジットカードは使えますか？
可不可以用这个信用卡?
コォブーコォイーヨンジョーグシンヨンカー

ATMの使い方

上海の市街地ではATMを使えるところが多い。提携銀行のATMならクレジットカードによる人民元のキャッシングができ、国際キャッシングカードなら自分の預金から人民元を引き出すことも可能。ただし、「Cirrus」または「PLUS」のマークがついているATMのみ使用できる。また、ATMを使うときは、空港、銀行、ホテルといったセキュリティレベルが高いところを選ぶことが大事。

物価がわかる あれこれHow much?

ミネラルウォーター (500ml)
1.5元～

ガム (LOTTE)
2.5元～

コーヒー (STARBUCKS)
24元

ビール (中国ブランド)
5元～

タクシー (初乗り)
14元～

ハンバーガー(マクドナルド)
10元～

吉野家牛丼大盛り
21元

ラーメン
8元(日式は25元～)～

※上海ではスーパーやコンビニで買い物をした際のレジ袋は別料金で0.3元～が必要

→次は「市内へ移動」

両替後

さて、「市内へ」

手段は4つ。どれで行く？

▽手段		▼ここが◎	▼ここが×
リニアモーターカー 磁浮列車 早い	浦東国際空港と龍陽路駅の間を運行。龍陽路駅から市街地は地下鉄2・7号線かタクシーに乗り換え。	ノンストップでとにかく早く、渋滞知らずで快適。最高時速430kmの世界を体験できる。※1	大きな荷物がある場合、龍陽路駅での乗換えが面倒。
エアポートバス 机场专线	浦東国際空港から市内方面へは7路線。	安い。到着ターミナル出口に乗り場があり便利。大きなスーツケースも積める。	目的地が路線上にない場合は、タクシーに乗り換え。
タクシー 出租车 オススメ	各空港とも到着ロビー出口にタクシー乗り場あり。	目的地に直行できて便利。2人以上ならリニアより割安。ワゴンタイプのミニバン・タクシーも。	朝夕は渋滞にはまることも。ドライバーによっては運転が荒い。
地下鉄 軌道交通	浦東、虹橋（第2ターミナル）ともに、地下鉄2号線が発着している。虹橋は10号線も発着。	市街中心部まで4～7元とリーズナブル。運行間隔が短く時間が正確。※2	大きな荷物を持っての乗降、乗り換え、階段の上り下りが不便。

リニアモーターカー乗り場へのアクセス（浦東国際空港）

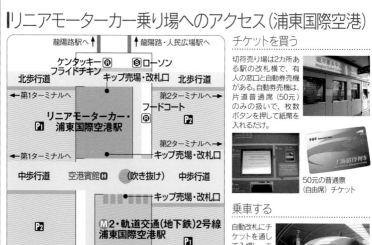

龍陽路駅へ↑　　↑龍陽路・人民広場駅へ

ケンタッキー R　　S ローソン
フライドチキン

北歩行道　　キップ売場・改札口　　北歩行道

←第1ターミナルへ　　　　　第2ターミナルへ→

フードコート

リニアモーターカー・ R
P1　浦東国際空港駅　　　　P2

←第1ターミナルへ　　　　　第2ターミナルへ→

キップ売場・改札口

中歩行道　空港賓館 H　（吹き抜け）　中歩行道

キップ売場・改札口

M 2・軌道交通（地下鉄）2号線
浦東国際空港駅　　P1

P2

←第1ターミナルへ　　　　　第2ターミナルへ→

南歩行道　　　　　　　　　南歩行道

キップ売場・改札口

チケットを買う

切符売り場は2カ所ある駅の改札横で、有人の窓口と自動券売機がある。自動券売機は、片道普通席（50元）のみの扱いで、枚数ボタンを押して紙幣を入れるだけ。

50元の普通票
（自由席）チケット

乗車する

自動改札にチケットを通して入場し、エスカレーターでホームへ。リニアの車内にはスーツケースの置き場も。

※1／9時2分～10時47分、15時2分～15時47分の時間帯以外は、最高時速300kmで運転
※2／上海浦東国際空港へ（から）は8駅前（目）の広蘭路駅で乗り換えが必要

┌─ ココは中国語でOK
　　　　　　　　　　　　　　↓
╭────────────────────────────────────╮
│　　　　　　　実践カンタン会話　　　　　　　│
╰────────────────────────────────────╯

■このバスは☆☆まで行きますか？

这路巴士到☆☆吗?
ジョールーバーシーダオ☆☆マ

■到着したら教えてください

到达时候请告诉我.
ダオダーシーホウチンガオスウォ

（ 上海浦東国際空港から ）　　（ 上海虹橋国際空港から ）

○運行時間	○料金	○所要時間	○運行時間	○料金	○所要時間
空港発は7時2分〜21時42分。約15〜20分間隔。	片道50元、往復80元、貴賓席（グリーン車）片道100元、往復の場合160元。	8分〜。	運行していない。		
1〜7線は7〜23時の間に15〜25分間隔。	10〜30元。	50分〜1時間30分（路線・下車する場所により異なる）。	運行していない（各方面への路線バスはあり）。		
航空便の到着時間内。	市内中心部まで150〜180元程度。浦東（陸家嘴）まで165元程度。	50分〜1時間。	航空便の到着時間内。	市内中心部まで50元〜。浦東まで70元〜。	20〜30分。
6〜22時。約6〜8分間隔で運行。	6〜7元（市街中心まで）。	60〜80分。	5時55分〜22時05分。6〜12分間隔で運行。	4〜5元（市街中心まで）。	30〜50分。

▌行き先別! 浦東国際空港からのバス路線

○行き先	○路線名	○料金・運行間隔	○主な経由地
虹橋枢紐東交通センター	エアポートバス機場1線	34元 15〜25分	上海虹橋国際空港第2ターミナル、上海火車站、虹橋枢紐東交通中心
静安寺・南京西路方面	エアポートバス機場2線	24元 15〜25分	上海機場城市航站楼（静安寺）（ノンストップ）※3
虹口足球場	エアポートバス機場4線	18〜24元 15〜25分	徳平路浦東大道、五角場、運光新村、虹口足球場
上海火車站	エアポートバス機場5線	18〜25元 15〜25分	龍陽路駅、東方医院、延安東路浙江路、上海火車站駅
上海南站	エアポートバス機場7線	8〜20元 20分	川沙路華夏東路、上南路華夏西路、上海南駅
南匯バスターミナル	エアポートバス機場8線	2〜10元 15分〜1時間	当局楼、海天三路启航路、交通隊、海関倉庫、航油站、東方航空、河浜西路卡口、機場保税区、金間路間路など
莘建東路宝城路（莘庄駅北広場）	エアポートバス機場9線	24元 30分（ピークタイム）	莘建東路宝城路（莘庄駅北広場）（ノンストップ）

さあ、出かけよう！

市内移動 完全マニュアル

▌手段は3つ。どれにする？

▽手段	▼ここが◎	▼ここが✕	▽運行時間	▽初乗り料金
地下鉄（軌道交通）➡️ P120	カンタン。安い。時間も正確	とくに1・2号線は朝8〜9時の通勤時と休日の昼間はラッシュ	朝5時30分頃〜23時30分頃まで	3元
タクシー ➡️ P122	日本より安い。2人以上で近場を移動するなら安い＆便利	朝8〜9時、16〜18時は渋滞が激しくつかまりにくい。深夜女性1人の利用は避けたい	24時間流しが運行	3kmまで14元(23時〜翌5時は3kmまで18元)※
路線バス ➡️ P123	一番安い。とくに上海を東西に走る延安東路〜延安西路に沿って運行する「BRT71路」は観光に便利	平日・祝日ともに16〜18時頃はギューギューのすし詰め状態	朝4時30分頃〜23時頃まで。深夜路線は23時頃〜翌4時頃まで	2元

▌一発検索！アクセス早見表

	浦東	南京西路	豫園・豫園商城
南京東路 ➡️ P28	Ⓜ2号線南京東路駅 ⏱3分 Ⓜ2号線陸家嘴駅	Ⓜ2号線人民広場駅 ⏱3分 Ⓜ2号線南京西路駅	Ⓜ10号線南京東路駅 ⏱2分 Ⓜ10号線豫園駅
外灘 ➡️ P38	Ⓜ2号線南京東路駅 ⏱3分 Ⓜ2号線陸家嘴駅	Ⓜ2号線南京東路駅 ⏱5分 Ⓜ2号線南京西路駅	Ⓜ10号線南京東路駅 ⏱2分 Ⓜ10号線豫園駅 または徒歩15分
新天地 ➡️ P70	Ⓜ1号線黄陂南路駅 ⏱3分 Ⓜ1号線人民広場駅 ⏱5分 Ⓜ2号線陸家嘴駅	Ⓜ13号線新天地駅 ⏱5分 Ⓜ13号線南京西路駅	Ⓜ10号線新天地駅 ⏱5分 Ⓜ10号線豫園駅
豫園・豫園商城 ➡️ P46	Ⓜ10号線豫園駅 ⏱2分 Ⓜ10号線南京東路駅 ⏱3分 Ⓜ2号線陸家嘴駅	Ⓜ10号線豫園駅 ⏱2分 Ⓜ10号線南京東路駅 Ⓜ2号線南京西路駅	最寄り駅 豫園・豫園商城 10号線豫園駅
南京西路 ➡️ P54	Ⓜ2号線南京西路駅 ⏱8分 Ⓜ2号線陸家嘴駅	最寄り駅 南京西路 2・12・13号線南京西路駅	
浦東 ➡️ P62	最寄り駅 浦東 2号線陸家嘴駅		

交差点が人に説明しやすい

❗ 説明のポイントは交差点

人に場所を説明する場合は、「○○路と△○路の交差点近く」というケースが多い。タクシーの場合も、よほど有名な場所以外は住所の番地をいうより、交差点名を告げるほうが確実。

※一部、初乗り16元のミニバン型タクシーも運行している

かなり便利な「上海公共交通カード」

地下鉄（軌道交通）、路線バス、タクシー、渡し船といった、上海市内のほとんどの公共交通機関で利用できるチャージ式のプリペイドカード。地下鉄窓口ほか、一部銀行やコンビニでも販売・チャージしている。デポジットが20元で、10元からチャージ可能。有効期限は5年。返却するとデポジットは戻ってくる。返却場所は主要な地下鉄駅ほか、浦東空港リニア駅、一部の上海浦東発展銀行や郵便局など市内各所。軌道交通を1回利用するだけなら1回券（単程車票）を。自動券売機でも窓口でも購入でき、表裏や改札を通す方向などはない。

SuicaやPASMOのような感覚で使える交通カード

1回券は表裏も通す方向も自由

移動編
実践カンタン会話

上海公共交通カードをください

请给我上海公共交通卡
チンゲイウォーシャンハイゴンゴンジャオトンカー

10元チャージしてください

充值十元
チョンジーシーユアン

| 新天地 | 外灘 | 南京東路 |

新天地

Ⓜ 1号線人民広場駅
Ⓜ 3分
Ⓜ 1号線黄陂南路駅
南里なら10・13号線
新天地駅も近い

Ⓜ 10号線南京東路駅
Ⓜ 7分
Ⓜ 10号線新天地駅

外灘

Ⓜ 2号線人民広場駅
Ⓜ 2分
Ⓜ 2号線南京東路駅
または徒歩15分

最寄り駅 **外灘**

2・10号線南京東路駅

南京東路

最寄り駅 **南京東路**
1・2・8号線人民広場駅または2・10号線南京東路駅

歩行者用通路を示す看板。ただし車に注意

最寄り駅 **新天地**

1号線黄陂南路駅または10・13号線新天地駅

❶ **番地を表すのは「号」と「弄」**
上海の住所表記は原則として通りの名前に「号（ハオ）」が付き、通りの両側で奇数と偶数に分かれている。そして号の後にビル名や階数「楼（ロウ）」が続く。また、よく見かける「弄（ロン）」は通りから入った路地のこと。路地に面した住所は○弄△号と表記される。

37弄 2-10号
复兴西路
复兴西路37弄2-10号という意味

❶ **通り名の仕組みを知ろう**
通りの名前には南京東路や四川北路といったように、「路（ルー）」が基本で、中国の都市名、省名、川や山など地名が付くことが多い。また、長い通りは四川北路、四川中路、四川南路、南京東路というように「東西南北＋中」などで、また石門一路、石門二路といったように数字で表す。

❶ **信号機はタイマー付き**
最近、日本でもよく見られるようになった赤から青に切り替わる秒数を電光表示するタイマー付きの信号機。上海の交差点の信号機もタイマー付きだ。信号機の赤と青は日本と同じだが、赤→青、青→赤の間に黄色が入る場合もある。

❶ **自動車、バイクに要注意!**
中国の道路は日本と逆で右側通行。また、自動車は正面の信号が赤でも右折は可能なので、交差点を渡るときは左側の確認を怠らないようにしよう。中国は車優先社会なので、ボンヤリ歩いていると危険。特にオートバイは一方通行の逆走であろうが歩道上であろうが、お構いなしに走ってくるので注意しよう。

衡山路
◄ W. Hengshan Rd. E ►
通りの多くには「路」が付く

日本と同じような歩行者用信号機

→次は「地下鉄」

カンタン・安い！　地下鉄を乗りこなせるようになろう

地下鉄乗りこなしマニュアル

軌道交通 グィダオジャオトン

■攻略ポイント

|路線は色

路線はわかりやすく色分けされている（右ページ参照）。駅入口の目印となる看板や駅構内の案内板も路線ごとの色で示されているので、色を覚えておこう。

|地下鉄のよばれ方

地下鉄は「軌道（グィダオ）」の略称をもつが、高架上を走る3号線などいくつかの路線以外は地下を走るので、「地鉄（ディーティエ）」とよばれるのが一般的。

|料金はゾーン制

地下鉄はゾーン制。初乗り3元で、10kmごとに1元増し。市街地を移動する場合は 約3〜5元といったところ。

買う

① 路線を選ぶ

路線図から路線を選びタッチ。運賃がわかっている場合は③へ。

② 駅を選ぶ

拡大表示された路線図から目的の駅を選ぶ。やり直す場合は「返回」をタッチ。

③ 枚数を選ぶ

選択した駅の駅名と運賃が表示されるので右側の数字（1〜9張）から購入枚数を選ぶ。

④ お金を入れる

パネル右側の投入口からお金を入れる。紙幣は4種、硬貨は2種。切符とお釣りを受け取る。

乗る

① 駅を探す

Mをデザインした赤いマークが地下鉄の目印。駅の周辺にはこのマークの看板があるので、矢印の方向に進めば駅に行き着く。

簡体字と英語が併記されている

② 切符を買う

自動券売機利用法は上記参照。窓口で買う場合は運賃を確認後、運賃と枚数を中国語で伝えてお金を渡せば磁気カード（1回券）とお釣りをくれる。

自動券売機なら中国語を話せなくてもOK

③ 改札に入る

改札はすべて自動改札機。入口専用、出口専用で分かれているので間違わないように。改札機上部手前の円形の台にチケットや交通カードを当てて通る。

レバーは押して通り抜ける

④ ホームに出る

ホームが真ん中にある場合が多い。案内表示の「往○○（駅名）」は行き先を表し、テレビモニターでは2本後までの地下鉄が到着する時間を表示。

ホームに設置されたテレビモニター

市内中心部の路線の種類

1号線	主要駅…上海火車站駅、人民広場駅、徐家匯駅、上海体育館駅
2号線	主要駅…虹橋2号航站楼駅、人民広場駅、龍陽路駅、浦東国際機場
3号線	主要駅…虹口足球場駅、中山公園駅、宜山路駅、上海南站駅
4号線	主要駅…上海体育館駅、上海火車站駅、世紀大道駅
5号線	主要駅…莘荘駅、閔行開発区駅
6号線	主要駅…世紀大道駅、東方体育中心駅
7号線	主要駅…鎮坪路駅、静安寺駅、常熟路駅、肇嘉浜路駅、龍陽路駅
8号線	主要駅…人民広場駅、西蔵南路駅、虹口足球場駅
9号線	主要駅…世紀大道駅、打浦橋駅、徐家匯駅、宜山路駅、七宝駅
10号線	主要駅…南京東路駅、豫園駅、新天地駅、上海動物園駅、虹橋2号航站楼駅
11号線	主要駅…迪士尼駅、徐家匯駅、交通大学駅、江蘇路駅、上海西站駅
12号線	主要駅…天潼路駅、南京西路駅、陝西南路駅、龍華駅
13号線	主要駅…自然博物館駅、南京西路駅、淮海中路駅、新天地駅、世博大道駅
16号線	主要駅…羅山路駅、野生動物園駅、書院駅、滴水湖駅

※上記のほか、朱家角方面に向かう17号線がある

こんなトコ注意!

混雑時のスリに注意しよう。ボタンのない上着のポケットやデイパックが狙われやすい

切符なしで乗車したり、無効切符で乗車した場合は運賃の約5倍の罰金を取られるので切符はなくさないように

交通カードで入口改札を通るときに残高が表示されるので、目的地までの残高が足りない場合は出口で精算しよう

実践カンタン会話

3元の切符を2枚ください
要两张三元的
ヤオリャンジャンサンユエンダ

静安寺駅まで3枚ください
到静安寺，三张
ダオジンアンスーサンジャン

地下鉄の駅はどこですか?
地铁站在哪儿?
ディーティエジャンザイナアー

---

⑤乗車する

ホームの床面にドア位置の「下客区、候車区」の表示のところで電車を待つ。下客区を降りる人のためにあけ、乗車する人は候車区に並ぶルールだが、なかなか守られていない。

乗り遅れないように注意しよう

⑥下車する

車内放送で次の停車駅が中国語と英語でアナウンスされるので、聞き間違えないように注意して下車しよう。ドアが開いたとたん乗り込んでくる人に押し戻されないように。

車両によっては連結部のドア上部に電光掲示板で案内も

⑦改札を出る

出口専用の自動改札機から出る。1回券(単程車票)の場合は改札機手前の挿入口にカードを入れる。乗り越しは改札機横の票務処理窓口にカードと不足金額を渡せば有効切符をもらえるので、自動改札機に通して出る。

右の矢印が出口方向

⑧地上、駅の外へ

駅構内には現在地、出口番号と位置、駅周辺の通りや主な施設を表示したマップが各所にあるので、目的地に近い出口を探して地上に出る。

出口を確認してから外に出よう

日本より安い！
タクシー乗りこなしマニュアル
出租汽车 チューズーチーチャー

▌攻略ポイント

▌メーター制、チップなし

基本料金	初乗り3kmまで14元（ミニバン型は16元）
追加料金	1kmごとに2.4元（総運賃の1元以下は四捨五入）
深夜料金	23時〜翌5時は深夜料金で30%増し

メーター制なので
わかりやすい

▌行き先は交差点名で指示

　日本語はもちろん英語も通じない。主要な観光名所や駅、デパート以外はわからないので、行き先を指示するには、紙に書いて見せるか交差点名を「○△路×☆▽路」などのように伝えたほうがいい。

▌小銭を用意

　現金で運賃を支払うときは、100元札だと「お釣りがない」と嫌がられたり、ごくまれにだがニセの紙幣を渡されることもあるので、小額紙幣か硬貨を用意しておくのがベター。

乗る

① 空車を拾う

日本と同様に流しのタクシーが走っているので、手を挙げてとめればOK。空車はフロントウインドーの左側に「空車」と記されたプレートが見える。

出租车 揚招点 TAXI
タクシー乗り場を示す標識

② 乗車する

自分でドアを開けて乗車する。発車したらドライバーが助手席前方の空車プレートを倒してメーターが動き出すのを確認しよう。

運転席の右側にある料金メーターをチェックしよう

運転席を囲むガラスの隙間からお金を渡す

③ 支払う・下車する

現金（シエンジン）か刷卡（シュアカー：上海公共交通カード）かを聞かれるので、交通カードの場合はすぐに出せるように準備しておこう。下車したらドアは自分で閉めること。

交通カードは空車プレートの裏側に

領収書は発票（ファーピャオ）という

こんなトコ注意！

タクシー配車アプリ「滴滴出行」が普及している。中国語に自信があれば利用したい。また、支払いもスマホ決済が主流となっている。

上海公共交通カードを使用する場合は、乗車したときに事前にドライバーに見せておくと確実だ。

空港や長距離バスターミナル周辺に多い無許可の個人タクシーは避けよう。車体上部に会社名のランプが付いているかどうかを確認を。

実践カンタン会話

タクシーに乗りたいです

我要打的
ウォヤオダァディー

南京東路と河南中路の交差点まで行ってください

到南京东路河和南中路
ダオナンジンドンルーホーホーナンジョンルー

ここで停めてください

停在这里
ティンザイジャーリィ

▌主なタクシー会社と連絡先

会社名	予約電話	忘れ物
大衆出租汽車	☎021-96822	☎021-6258-0780
錦江汽車服務	☎021-96961	☎021-0219-6961
強生出租汽車	☎021-6258-0000	☎021-6135-2288

難易度高し！

路線バス乗りこなしマニュアル
公共汽車 ゴンゴンチーチャー

空調（エアコン）が効いて車内も清潔

攻略ポイント

料金は2種類

乗車距離にかかわらず均一2元の路線と、乗車距離に応じて料金が変動するゾーン制（市街の移動なら2〜4元程度）の路線がある。

小銭を用意！

ワンマンバスと車掌がいるバスの2種類あり、ワンマンバスはお釣りが出ないので、1元札、1元硬貨を準備しよう。車掌がいるバスでも高額紙幣は嫌がられるので、なるべく10元紙幣以下を準備しておこう。

路線番号にも法則がある

路線は1000番台まであるが、無秩序に番号が付いているわけではない。

◎1〜100番台…一般路線　　◎200・400番台…200番台は朝夕のラッシュアワーのみ、400番台は川を越える路線
◎300番台　…夜間路線　　◎500〜800番台…郊外や居住区の路線
◎900番台　…空調付きバス　◎1000番台　…シャトルバス

実践カンタン会話

バス停はどこですか？

公共汽車站在哪里？
ゴンゴンチーチャージャンザイナーリ

このバスは人民広場に行きますか？

这个共交车去人民广场吗？
ジャーゴーゴンジャオチャチュレンミングアンチャンマー

乗る

① バス停を探す

バス停の表示内容はバス停名、路線番号、路線の全バス停と進行方向、空調なし・空調あり、車両それぞれの運賃、始発・終発の停車時間など。

一般的なバス停。まわりの色がオレンジは車掌のいるバス、黄縁はワンマンバス

② 乗車前にチェック

バスが近づいてきたら前方上部の表示をチェック。バスが止まったら前方ドアの横を確認。路線番号のほか、始発・終着のバス停名が表示されている。「前门上客」の表示は前方ドアから乗車の意味でワンマンバスに記載されている。

＊マーク（または「空調」）が記載されているのは空調（エアコン）付きバスのこと

③ 乗車する・支払う

ワンマンバスは前方ドアから乗車し、ドライバー横の料金箱に硬貨を入れる。上海公共交通カードはパネルにタッチする。車掌がいるバスは前後どちらのドアからも乗車可能。

お釣りは出ないので要注意

後方ドアの後ろの車掌に料金を渡し、切符を受け取る

④ 降りる

空調付きバスは前方の電光掲示板に次のバス停が中国語と英語で表示される。車掌のいるバスは車掌が大声でバス停名を告げるので前後のドアの近いほうから下車する。切符を渡す必要はない。

空調付きのバスに付けられた電光掲示板

次は「ゴールデンルート」

出国

いよいよ…「帰国」

▌自分で「空港」に行くコツ

市内〜上海浦東国際空港間の手段は4つ（→P116）。速くて手ごろな交通手段はリニアモーターカー。龍陽路駅で地下鉄2・7号線と接続しているので迷うことはない。タクシー利用も便利。

市内〜上海虹橋国際空港間の手段は2つ（→P116）。地下鉄2・10号線が運行。市街中心まで30〜50分で到着。タクシーでも20〜30分ほどで空港に到着する。

▌注意ポイント多し「出国の流れ」

通路側を希望する場合は申し出よう。

チェックイン Check-in	各航空会社のカウンターで係員に航空券（eチケット控え）、パスポートを提示し、機内預けの荷物がある場合はここで預ける。ボーディング・パス（搭乗券）とクレーム・タグ（荷物引換券）、パスポートを受け取る。

⬇

税関 Customs	免税範囲を超える場合のみ、出発フロアに置かれている税関申告書（記入例→P111）に必要事項を記入して提出する。免税の人は緑の通路へ、申告するものがある人は赤の通路に進む。

⬇

出国カードの記載内容は入国カードとほぼ同じ。

出国審査 Immigration	入国審査のときに返してもらった出国カードをパスポート、搭乗券とともに提出する。係官がパスポートに押印し、出国カード以外を返してもらう。

⬇

時間がかかることがあるので早めに行動しよう。

手荷物検査 Security Check	手荷物のX線検査と金属探知機によるセキュリティチェックを受ける。服のポケット内の小銭でもひっかかるので注意しよう。液体物には持ち込み制限があるので注意（→P125）。

⬇

搭乗手続き前には搭乗ゲートに着いておくようにしよう。

出発ロビー Departure Lobby	搭乗手続きは出発時間の30分前から始まるので、それまでは免税店で買い物が楽しめる。

※空港の出発フロアMAPは→P112・113

出国書類記入例

入国時の機内であらかじめ書いておくと簡単！

外国人出境卡
DEPARTURE CARD
边境储积检查验讫

Family name
YAMADA ①
Given names
TARO ②
护照号码
Passport No.
AB0123456 ③
出生日期
Date of birth ④
'99 01 11
Year Month Day
性別
Sex
Male ✓ Female ⑤
航班号/船名/车次
Flight No./Ship's name/Train No.
NH905 ⑥
国籍
Nationality
JAPAN ⑦

I hereby declare that the statement given above is true and accurate.

签名 Signature
山田太郎 ⑧

妥善保管此卡，如遗失将会延误您出境进此不同。
Retain this card in your possession, failure to do so may delay your departure from China.
请注意背面重要提示事项。

出国カード（DEPARTURE CARD）

① 姓（ローマ字）　　② 名（ローマ字）

③ パスポート（旅券）番号　④ 生年月日（西暦で書く）

⑤ 性別（男性はMale、女性はFemaleにチェックを入れる）

⑥ 出国時の搭乗便名（搭乗券に記してある）

⑦ 国籍

⑧ 署名（パスポートと同じサイン。日本語でOK）

中国出国時の注意点

両替＆手荷物

再両替は忘れずに…人民元を日本円に再両替する際には、両替時のレシートの提示が求められることがあるので、捨てずに保管しておこう。また、上海浦東国際空港の両替所は混雑するので、帰国時は時間に余裕をもって行動しよう。両替手数料50～60元が必要。残額が少ない時はおみやげなどを買ってしまおう。

カメラのフィルムは手荷物に…現像前のフィルムは撮影済みでも機内持ち込み荷物にするほうが安全。機内預け荷物に入れると、X線の照射でフィルムに悪影響を与えることがある。搭乗前のX線検査が心配なら、係員に「OPEN CHECK PLEASE」と告げて、機械に通さず係員にじかにチェックしてもらうと安心だ。

液体物機内持ち込みに注意…中国国内の空港から搭乗する際は、液体物の取り扱いに注意。国際線の場合、機内に持ち込める液体物（ジェル及びエアゾールを含む）は、100mℓ以下の個々の容器に入れ、それらの容器を1ℓ以下のジッパー付きの透明ポリ袋に余裕をもって詰める。持ち込めるのは1人1袋のみで、原則開封検査が必要。どうしても必要なもの以外の液体物はスーツケースに入れたほうが無難。ライター、マッチなどは受託荷物でも機内持ち込み手荷物でも持ち込み不可。なお、出国審査後に免税店等で購入した酒類などは持ち込み可。

持ち出し制限ほか

中国国外に持ち出せないもの…古文書や骨董品で1911年（ものによっては1949年）以前の物品は中国国外への持ち出しが禁止されている。大都市の友誼商店や大きなみやげ物店などで購入した持ち出しOKの商品には、「検」と書いたシールが貼ってあるので安心だ。不明な場合は、店員に確認を。

日本に持ち込めないもの…ワシントン条約の規制対象の、野生動物を原材料としている漢方薬、象牙製品、毛皮の加工品などは買入しても持ち込めないので注意が必要。中国楽器の胡弓もニシキヘビの皮を使用したものは中国政府発行の「輸出許可書（CITES）※」が必要。ブランド物の偽造品も持ち込み不可。購入時によく確認を。

ビニール袋のサイズ：
縦横合計40cm以内が目安

横
縦
100m1以下
1人1袋のみ

1ℓ以下
液体物を入れた容器は、1ℓ以下のジッパー付き無色透明プラスチック袋に入れること。

100mℓ以下
あらゆる液体物は100mℓ以下の個々の容器に入っていること。（100mℓを超える容器の場合、液体が一部しか入っていなくても持ち込み不可）

ビニール袋は旅客1人あたり1袋のみ。手荷物検査の際に検査員に提示すること。

※輸出許可書（CITES）の取得方法は上海日本国総領事館のホームページなどを確認のこと。

日本帰国時の注意	主な免税範囲
酒類	3本（1本760mℓのもの）※
タバコ	紙巻タバコ400本、または加熱式タバコ個装等20個、または葉巻100本、またはその他500g（2022年10月から半量）※
香水	2オンス（約56mℓ、オードトワレ・コロンは除外）
その他	1品目毎の海外市価合計額が1万円以下のもの全量・海外市価合計額20万円まで

輸入禁止と輸入制限
◎主な輸入禁止品は麻薬、大麻、覚せい剤、鉄砲類、わいせつ物、偽ブランド品など。◎主な輸入規制品は、ワシントン条約に該当するもの（ワニ、ヘビ、トカゲ、象牙などの加工品や漢方薬など）、土つきの植物、果実、切り花、野菜、ハムやソーセージなどの肉類。◎医薬品や化粧品も数量制限あり（化粧品は1品目24個以内）。

↑別送品がある場合や免税範囲を超えた税率など詳細は税関 URL www.customs.go.jp/ を参照
※酒類・タバコは満20歳未満の免税はなし

A | **B**

堡鎮　崇明島
陳家鎮

太倉市

昆山市
迷上海[P25]
南翔
ジュメイラ
上海 ヒマラヤホテル
[P106]
上海
浦東新区

上海虹橋国際空港
[P113]
青浦区
上海ディズニーリゾート
南匯区
朱家角

松江区
上海浦東国際空港
[P112]
上海市
奉賢区
大団
泥城

杭州へ

平湖市　杭州湾　東海大橋

杭州へ

蘇州へ
蘇州杭州へ

0　10　20km　N

行知路　沪太路
宝山区
大寧霊石公
大華三路
軌道交通7号線
甘泉新村
新村路　宜川新村
新村路　宜川公園
上海西[貨物用]
志丹
上海西站　交通路
軌道交通3号線　普陀区　石泉新村光
蘇州杭州へ　嵐皋路　中潭路　山北路
真如　鎮坪路

真如鎮
武寧路
楊柳青路　曹楊路　内环高架路　長寿路
楓橋路　曹楊路　静安
軌道交通3・4号線
[明珠線]
曹楊路
静安区
昌平路

上海全体図

N　0　1　2km

北翟路

真北路　金沙江路
大渡河路
金沙江路　隆徳路
武寧路
曹家渡

万航渡路

丹巴路
淞虹路
北新涇
威寧路
ジャッキー・チェン博物館
[P95]
長風公園
皇城根[P26]
中山公園
メリーホテル上海
[P105]
カルフール[P93]
中山公園
中山公園
江蘇路
鎮坪路
ニューワールドホテル上海
[P104]
ホテル・ニッコー上海
[P104]
十方茶荘[P45]
メルキュール上海ロイヤルトンホテル
[P106]
1221[P25]
ザ・ロンモント[P10?]
天山公園　延安西路
コロンビア・サークル[P17]
ラビス・ラズリ[P86]
インクウッド[レストラン][P17]
シーソー・コーヒー[カフェ][P17]
圓苑　興国店[P24]
日本国総領事館[P106]
虹橋錦江大酒店
蟹家大院[P19]
水城路
伊型路
交通大学
西郊賓館
宋園路　虹橋路
禅約茶書院
[P44]
ミレニアム・
ホンチアオ[P106]
宋慶齢陵園
徐家匯
奉茶[P45]
リーガル・
インターナショナル・
イースト・アジア
[P05]
徐家匯 P89
上海虹橋国際空港[P113]
上海動物園[P94]
枚青・臨安酒肆[P89]
龍渓路
宜山路
上
虹橋2号站楼
上海体育
マリオットホテル虹橋
上海体育館
虹橋1号站楼
上海旅游集散中心
(バスターミナル)
上海遊泳館
逸和龍柏飯店
龍柏新村
桂林路
漕溪路
龍漕路
虹井路
漕河涇開発区
桂林公園
漕宝路
康健園
紫藤路
合川路
閔行区
桂林路
虹漕路
航中路
星中路
桂林公園
康健園
七宝
漕宝路
虹梅路
上海南站
上海南站
七宝[P101]
東蘭路
上海南駅
上海南駅
バスターミナル
閔行体育公園
A | **B**

C 广中路

D 黄興路

● 上海馬戯城[P94]

上海大学

延長路

鞍山新村

四平路

周家嘴路

江湾路

楊浦区

虹口 P91

曲陽路

和平公園

郵電新村

楊浦大橋

虹口足球場

虹口区

東江湾路

四川北路

臨平路

軌道交通12号線

寧国路

江浦公園

平涼路

西蔵北路

東宝興路

海倫路

大連路

バンヤン・ツリー・スパ[P69]
バンヤンツリー上海
オンザバンド

江浦路

楊浦大橋

中山北路

閘北区

恒豊路

宝山路

● 1933老場坊[P90]

中興路

天目西路

提籃橋

楊樹浦埠頭

楊樹浦路

大連路トンネル

ホリディ・イン・
ダウンタウン上海[P105]

上海駅

上海火車站

上海鉄路
博物館[P95]

四川北路

国際客運中心

軌道交通4号線

新建路
上海長途

公平路埠頭

黄浦江

浦東大道

民生路

源深体育
中心

天目東路

上海郵政
博物館[P91]

曲阜路

河南北路

天潼路

ユエン・スパ[P69]
ハイアット・オン・ザ・バンド[P105]

天潼路

張楊路

リニア龍陽路駅、
上海浦東国際空港
[P112]へ

西蔵南路

外白渡橋

ロック・アート・ミュージアム

安寺～南京西路周辺 P132-133

人民広場～外灘 P134-135

陸家嘴

南京東路

延安トンネル

浦東 P136-137

新昌路

浦東新区

世紀大道

自然博物館

新聞路

人民広場

福州路

人民公園

北京西路

南京西路

大世界

南京西路

南京東路

人民路

爛泥渡

商城路

静安寺

延安中路

淮海中路

黄陂南路

豫園

黄浦区

万商市場

陝西南路

老西門

小南門

中山南路

浦電路

浦電路

淮海中路

上海科学技術館[P136]
上海科技館

陝西南路

新天地

西蔵南路

中華路

濰坊新

塘橋

ダブルツリー・バイ・
ヒルトン上海浦東

山路～淮海中路周辺 P128-129

復興中路

打浦橋

徐家匯路

陸家浜路

陸家浜路

藍村路

浦建路

新天地～陸家浜路周辺 P130-131

馬当路

南浦大橋

シェラトングランド上海
浦東ホテル&レジデンス
南浦大橋

黄浦区

肇嘉浜路

嘉善路

打浦橋

黄浦区

上海児童医学中心

楊高南路

龍陽路

肇嘉浜路

大木橋路

世博会博物館

世博会博物館

上海当代芸術博物館

臨沂新村

徐匯区

東安路

南浦駅

西蔵南路トンネル

錦綉路

南浦大橋

軌道交通7号線

上海体育場

世博大道

高科西路

楊高南路 高科西路

錦綉路

龍華寺[P94]

龍華中路

中華芸術宮

雲台路

上南路

龍華塔

燿華路

東明路

龍華

長清路

後灘

成山路

徳州路

成山路

西岸美術館[P17]

軌道交通11号線

高青路

華夏東路

軌道交通8号線

タンク・シャンハイ[P17]

雲錦路

龍耀路トンネル

楊思

龍騰路トンネル

龍漕路

済陽路

龍煤路

東方体育中心

● 上海植物園

C 東方体育中心

上南路

D

衡山路～淮海中路周辺

N　0　100　200m

P132　P134　P136
P128　P130

静安寺　静安寺

延安中路

静安公園
●八景園

恩田路

延安高架路

静安区

延安飯店

巨富大廈

郵便医

H上海国際貴都大飯店

H静安賓館新楼
H静安賓館

華東医院
H上海賓館

上海戯劇学院●

●平安銀行

マダム・マオズ・ダウリー[P84]

●席家花園酒家[P85]

シーボー[P22]

●田漢像

ドラゴン・フライ[P69]
東湖賓館

華山医院●

長楽路

華亭路

延慶路

淮海路

金苑大廈

●クチュリエ・シャンハイ[P87]

ブリュット・ケーク[P86]
上海話劇芸術中心●

8

6中国工商銀行

3

常熟路
常熟路

徐匯区

露茗堂[P87]

ファイン[P61]

カルチャー・マターズ[P87]

7

4

●愛美高大廈

五原路

淮海中路郵便局●

宝慶路

衡山路 P87

復興西路

軌道交通10号線(地下鉄10号線)

雍福会●

桃江路

東平路

上海図書館
上海图书馆

1

2

湖南路

3

●上海図書館新館

武康庭

●黄興旧居

●南洋模範初級中学

淮海中路

3

4

衡山路
衡山路

●宋慶齢旧居[P86]

2

1

衡山路

軌道交通7号線(地下鉄7号線)

永嘉路

岳陽路

A

B

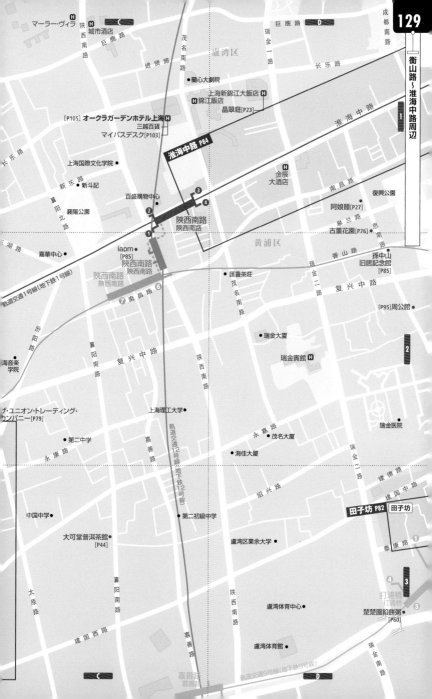

マーラー・ヴィラ

城市酒店

巨鹿路

陝西南路

進賢路

茂名南路

盧湾区

巨鹿路

瑞金一路

長楽路

成都南路

蘭心大劇院

上海新錦江大飯店

錦江飯店

晶翠庭[P23]

[P105] オークラガーデンホテル上海

三越百貨

マイバスデスク[P103]

淮海中路 P84

淮海中路

上海国際文化学院

新斗記

新楽路

金辰
大酒店

南昌路

復興公園

阿娘麺[P27]

古董花園[P76]

長楽路

襄陽北路

襄陽公園

百盛購物中心

③

④

陝西南路

陝西南路

昇蘭路

思南路

嘉華中心

iapm
[P85]

黄浦区

香山路

孫中山
旧居記念館
[P85]

1

汾陽路

湖南路

陝西南路

陝西南路

①

②

陝西南路

陝西南路

軌道交通1号線(地下鉄1号線)

⑥

⑦南昌路

瑞金二路

匯豊茶荘

茂名南路

復興中路

[P95]周公館

瑞金大廈

瑞金賓館

2

上海音楽
学院

襄陽南路

復興中路

陝西南路

瑞金医院

チ・ユニオン・トレーディング・
ンパニー[P79]

上海理工大学

永嘉路

茂名大廈

瑞金二路

建徳中路

第二中学

嘉善路

海佳大廈

軌道交通12号線(地下鉄12号線)

紹興路

田子坊 P82

田子坊

中国中学

大可堂普洱茶館
[P44]

第二初級中学

盧湾区業余大学

泰康路

1

太原路

襄陽南路

陝西南路

嘉善路

盧湾体育中心

打浦橋

打浦路

④

3

楚楚園餡餅粥
[P60]

建国西路

盧湾体育館

瑞金南路

軌道交通9号線(地下鉄9号線)

新天地～陸家浜路周辺

0　　100　　200m

万浜中路
金家坊
孔家弄
松雪街
河南南路
復興東路
望雲路
梅家街
光啓南路
巡道街
小南門
小南門

中偉華方
中華路弄
復興東路
庄家街
静修路
柳江街
河南南路
萊薬路
乔家路
凝和路

西門
西門

西藏南路
寧安路
安瀾路
梦花街
学宫街
文庙街
蓬莱路
先棉祠街
吾園街

軌道交通8号線(地下鉄8号線)
永惠大厦
安基大厦
大吉路
黄家闕路
中華路
第十中学
永寧街
尚文路
迎勛北路
尚文路
中華大厦
蓬莱大厦
中華路
中華路
黄家路
東江阴街
跨龙路
桑園街

博埈路
大林路
大沙街
大兴街
江阴街
迎勛路
南市影劇院
南新世紀大厦
第八中学
桑園街

上海市浦東学校
大林路
陸家浜路
陸家浜路
陸家浜路
陸家浜路
新世紀大厦
陸家浜路
富南大厦
徽宁路
普育西路
海南西弄

銀南大厦
永明大厦
丽园路
徽宁路
黄浦区
普育西路
普育東路
海潮路

西民立路
城信大厦
寧西路
斜土東路
南国大厦
車站后路
民办立達中学
南車站路
国货路

徽宁路
西藏南路
保屯路
大同中学
浦東へ

蓬莱公園
軌道交通4号線(地下鉄4号線)
苗江路

| P132 | P134 | P136 |
| P128 | P130 | |

中山南路
望渓路
西藏南路
西藏南路

↘呉越人家[P27]

漢中路 汉中路 **C**

D

一天下大厦 ●

軌道交通1号線(地下鉄1号線)

静安区

恒丰路

金峰大厦 ●

❶ 新聞路
新聞路 新闻路

1

山海关路

成都北路

北京西路

中国労働組合書記部旧跡 ●

新聞路

大田路

自然博物館
自然博物館

上海自然博物館 ●

慈渓路

山海关路

静安区

康定東路

武定路

振安広場 ●

中康大厦 ●

石門二路地段医院 ●

現代建築設計大厦 ●

育才初級中学 ●

石門二路

嘉発大厦 ●

大田路

新聞路

茂盛大厦 ●

上海外国語大学附属
建承中学 ●

鳳陽路

泰興路

江寧路

凱迪克大厦 ●

市政協 ●

康楽大楼 ●

上海興業大厦 ●

北京西路

泰興路

2

南江路

芦昌路

南京西路

❷ 呉江路
❸

南京西路
❶
❹ 南京西路
南京西路

青海路

江明路

南京西路
南京西路

上海電視台 ●

軌道交通2号線(地下鉄2号線)

威海路

[P105] **フォーシーズンズホテル上海 H**

上海汽車工業大厦 ●

石門一路

威海路

民立中学 ●

茂名北路

毛沢東旧居 [P95] ●

大沽路

民立中学[西部] ●

軌道交通13号線(地下鉄13号線)

延安高架路

陝西大厦 ●

中共二大会址 ●

3

延安中路

C

マーラー・ヴィラ **H**

陝西南路

城市酒店 ●

向明初級中学 ●

巨鹿路

茂名南路

瑞金一路

巨鹿路

盧湾区

成都南路

長楽路

D

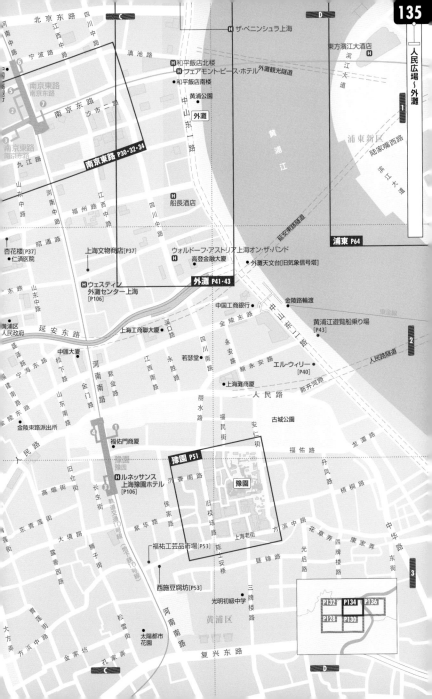

A

B

浦东南路

东方明珠

東方濱江
大酒店
H

陸家嘴
陸豪所

① ② ③

新上海
国際大
中国人民銀行

滨江大道

延安东路隧道

陆家嘴西路

陆家嘴环路

浦东乐东路

浦豪东路

銀城中路

東城路

东园路

1

陆家嘴中心绿地

世紀大道

中国保険大廈

渣打銀行大廈

陸
家
嘴
環
路

ザ・リッツ・カールトン H
上海浦東

上海ワールド・フィナンシャル・センター

グランド ハイアット上海

H 浦東シャングリ・ラ上海（紫金楼）

金茂大廈

H 浦東シャングリ・ラ上海（浦江楼）

H パークハイアット
上海

浦東新区

滨江大道

银城中路

花园石桥路

東泰路

上海タワー

浦東 P64

陆家嘴环路

賓城路

2

東金線

人民路隧道

東昌路

仁恒滨江園

● 東昌路渡船乗り場

中
山
东
二
路

黄
浦
江

● 宏豪 浦江一号 [広東料理／P67]

東明路

商城路

人
民
路

十六舗碼頭
（遊覧船乗り場）

東復線

東
匯
路

上海市黄浦江
遊覧票務中心

3

东门路

久事大廈 ●

复兴东路隧道

渣復線

滨江大廈

东
街

外
会
馆
弄

中
华
路

外
咸
瓜
街

老太平弄

中
山
南
路

渡船乗り場 ●

復星商務大廈 ●

浦東

N 0 100 200m

A

B

夏
兴
东
路

浦東

浦东 大道

D

C

即霞路
昌邑路

浦東文化館 •

浦 东 大 道

船舶大厦 •

東方医院 •

即墨路

招远路

国家開発銀行大厦 •

南崎泉山北路

上海証券大厦 •

小石橋路

南泉北路

栖霞路

崎山路

華東師範大学附属東中学 •

浦東大道
浦东大道

福山路

钱仓路

栖霞路

東昌中学(東校) •

上海解放大学 •

東方路

乳山路

軌道交通4号線(環状鉄4号線)

1

乳山路

普聯大厦 •

東昌路
东昌路

2

3

昌路

中国交通銀行 •

世界広場 •

軌道交通2号線(地下鉄2号線)

商城路

商城路
商城路

2

浦東南路

1

4

良友大厦 •

銀河大厦 •

世紀大道

商城路

紫光大厦 •

南泉北路

太平洋数碼 •

H インターコンチネンタル上海浦東

湯臣金融大厦 •

華誠大厦 •

華都大厦 •

裕安大厦 •

八佰伴
(ヤオハン) •

長航医院 •

江蘇大厦
96広場

崎山路

宝安大厦 •

啓新路

華融大厦 •

张杨路

浦城路

潍坊路

湯臣商務中心 •

浦東南路

浦城路

浦明路

潍坊西路

D

P132	P134	P136
P128	P130	

3

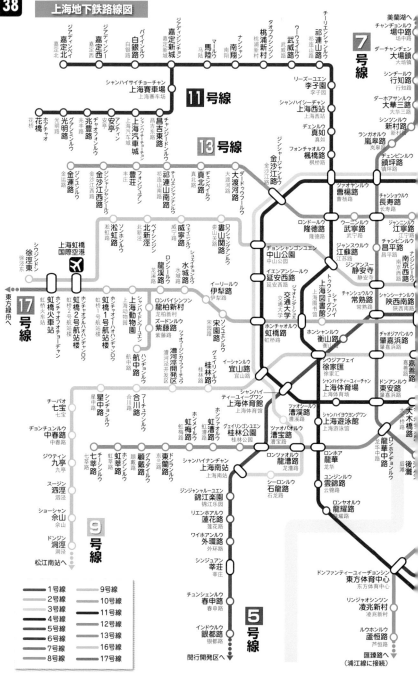

1号線

富錦路へ
ポンプウシンツン 彭浦新村
ウェンシュイルウ 汶水路
シャンハイマーシーチョン 上海馬戯城
イエンチャンルウ 延長路
チョンシャンベイルウ 中山北路
ショウトンルウ 延吉中路
ジャンハイフオチョヂャン 上海火車站
ハンチョンルウ 漢中路
チュウフウルウ 曲阜路
ズーランボーウーグワン 自然博物館
シンジャアルウ 新閘路
ハイチョンルウ 海中路
ダーシージエ 大世界
ラオシーメン 老西門
シティエンディー 新天地
ダーブーチャオ 打浦橋
マーダンルウ 馬当路
ルウバンルウ 鲁班路
ボーウーフェイボーウーグワン 世博会博物館
シーボーダーダオ 世博大道
耀華路 耀華路
チャンチンルウ 長清路
ヤオンスー 楊思
ヤンヂェンルウ 岩南路
シュイエナンルウ 沙南路
シャンナンルウ 上南路
ホアシアシールウ 華夏西路
成山路 成山路
高青路 高青路
ホアシアシールウ 華夏西路
サンリン 三林
サンリンドン 三林東
プウサンルウ 浦三路
ユイチャオ 御橋
ルオシャンルウ 羅山路
周浦東 周浦東
滴水湖へ

3号線

江楊北路へ
インガオシールウ 殷高西路
ジャンワンヂェン 江湾鎮
ダーバイシュウ 大柏樹
チーフンルウ 赤峰路
チーザーベイルウ 西蔵北路
ホンコウフウチョヂャン 虹口足球場
ドンバオシンルウ 東宝興路
レンミングワンチャン 人民広場
ナンジンドンルウ 南京東路
ユイユエン 豫園
シャオナンメン 小南門
ルウジアバンルウ 陸家浜路
シーザンナンルウ 西蔵南路
ナンプウダーチャオ 南浦大橋
チョンホアイーシューゴン 中華芸術宮
ユンタイルウ 雲台路
ガオクーシールウ 高科西路
ドンミンルウ 東明路
ホア鵬路 華鵬路
ガオチンルウ 高青路
チョンシャンルウ 中山北路
チョンシンルウ 中興路
宝山路 宝山路
ティエントンルウ 天潼路
スーチュワンベイルウ 四川北路
国際客運中心 国際客運中心
陸家嘴 陸家嘴

10号線

ジャンワンチェン 江湾鎮
イオシャンルウ 殷高東路
シンジャンワンチョン 新江湾城
サンメンルウ 三門路
ジャンワンティーユイチャン 江湾体育場
ウージャオチャン 五角場
グオチュワンルウ 国権路
トンジーダーシュエ 同済大学
アンシャンシンツン 鞍山新村
ヨウディエンシンツン 郵電新村
リンピンルウ 臨平路
ダーリエンルウ 大連路
ティーランチャオ 提籃橋
ドンチャンルウ 東昌路
ルウジアズイ 陸家嘴
ナンジンドンルウ 南京東路
ユイユエン 豫園
シャンチョンルウ 商城路
プウディエンルウ 浦電路
ランツンルウ 藍村路
タンチャオ 塘橋
シャンハイアルトンイーシュエヂョンシン 上海児童医学中心
リンイーシンツン 臨沂新村
ヤンガオナンルウ 楊高南路
ジンシウルウ 錦绣路
ファンホアルウ 芳華路
ロンヤンルウ 龍陽路
ハイチュワンルウ 海湾
シウエルウ 学林路
チュワンシャーチャン 川沙

4号線
豫園へ

西蔵南路
浦電路
藍村路
藍村路
浦電路

8号線

シーグアンルウ 市光路
ニエンジャンルウ 嫩江路
シャンインルウ 翔殷路
ホアシンシンヂュンユエン 黄興公園
黄興公園
ホワンシンルウ 黄興路
イエンジーチョンルウ 延吉中路
黄興路 黄興路
江浦路 江浦路

12号線

金海路へ

ヤンシュウプウルウ 楊樹浦路
ユエンシェンティーユイヂョンシン 源深体育中心
民生路 民生路
ベイヤンジンルウ 北洋涇路
ドーピンルウ 徳平路
ミンシェンルウ 民生路
北洋涇路
世紀大道
ヤンガオヂョンルウ 楊高中路
ファンディエンルウ 芳甸路

6号線
港城路へ
曹路へ

黄浦江

世紀大道
シーザーダオ 世紀大道
浦電路
浦電路
上海科技館
シーチーゴンユエン 世紀公園
ホアムウルウ 花木路
チャンヤンガオクー 張江高科
チョンジンヂョンルウ 創新中路
ホアシアドンルウ 華夏東路
チュワンシャー 川沙
リンコンルウ 凌空路
ユエンドンダーダオ 遠東大道
ハイティエンサンルウ 海天三路
プウドンゴージーヂーチャン 浦東国際機場

リニアモーターカー

グアンランルウ 広蘭区
タンヂェン 唐鎮
チュワンシャーヂョンルウ 創新中路
ホアシアドンルウ 華夏東路
チュワンシャー 川沙
リンコンルウ 凌空路
ユエンドンダーダオ 遠東大道
ハイティエンサンルウ 海天三路
プウドンゴージーヂーチャン 浦東国際機場

16号線

2号線

上海浦東国際空港 ✈

チーシューシーチョンヂャン 秀沙路
ケンシンゴンユエン 康新公路
ディーシーチー 迪士尼

もった?リスト

**出発前に
❶チェック
しておくコト**

- ☐ パスポートの残存有効期間はOK? ← P110参照
- ☐ ビザの準備はOK? ← P110参照
- ☐ クレジットカードの暗証番号を確認
- ☐ 海外旅行保険に加入した?
- ☐ --

**当たり前だけど
❶「忘れちゃいけない
必携」モノ**

- ☐ パスポート
- ☐ 現金、クレジットカード ← P114参照
- ☐ 航空券またはeチケット控えまたはツアー旅程表
- ☐ 歯ブラシ、パジャマ、スリッパ
- ☐ --
- ☐ --
- ☐ --
- ☐ --

**忘れがちな
❶「ないと困る」モノ**

- ☐ カメラや携帯の充電器(もちろん本体も)
- ☐ プラグ変換器 ← P105参照
- ☐ 目覚まし時計(携帯でもOK)
- ☐ 雨具(日傘・サングラス)
- ☐ ウエットティッシュ
- ☐ --
- ☐ --
- ☐ --

memo

ラインナップ **タビトモ 上海**

2020年2月15日初版印刷
2020年3月1日初版発行

◎編集人…高橋香理
◎発行人…今井敏行
◎発行所…JTBパブリッシング
◎企画・編集
　海外情報事業部
　担当…高松望美
◎取材・執筆・撮影
　萩原晶子、長舟真人
　岩田衣織、船越玲子
　桃青社[西濱良孫]
◎編集・写真協力
　K&Bパブリッシャーズ
　中田浩資/岩田衣織
　早坂 優/ランズ
　JTB（上海）国際旅行社
　杭州市旅游委員会
　杭州招商国際旅游公司
　ANA全日空
　上海胡同龍有限公司[西村敦・范之鷹]
◎デザイン
　regra[鈴木軍二]
　扇谷デザイン事務所
　相川裕一
　K&Bパブリッシャーズ
◎表紙デザイン
　フェイキー
◎地図
　マップデザイン研究室
　ジェイ・マップ
　K&Bパブリッシャーズ
◎組版・印刷
　JTB印刷

JTBパブリッシング
〒162-8446 東京都新宿区払方町25-5
編集…03-6888-7878
販売…03-6888-7893
広告…03-6888-7833
https://jtbpublishing.co.jp/

おでかけ情報満載『るるぶ&more.』https://rurubu.jp/andmore
世界を旅するwebサイト『せかたび』https://www.sekatabi.jp

©JTB Publishing 2020
Printed in Japan
194017 758525
ISBN978-4-533-13900-0 C2026
禁無断転載・複製

本書の取材・編集にご協力いただきました
関係各位に厚く御礼申し上げます。

現地で役立つ！ 〔中国語〕& 早見表

メニュー読み解き単語

肉

牛肉
牛肉
ニウロウ

豚肉
猪肉
ジュウロウ

鶏肉
鸡肉
ジーロウ

羊肉
羊肉
ヤンロウ

アヒル肉
鸭肉
ヤーロウ

ハム
火腿
フオトゥイ

魚介類

アワビ
鲍鱼
バオユィ

カニ
蟹
シエ

カキ
牡蛎
ムーリー

イカ
墨鱼
モーユィ

スッポン
甲鱼
ジアユィ

フカヒレ
鱼翅
ユィチー

定番上海料理

上海蟹の蒸し物
清蒸大闸蟹
チンジョンダージャーシエ
丸ごと蒸して食す上海料理の華。秋冬が旬

川エビの塩炒め
水晶虾仁
シュイジンシアレン
川エビのむき身の塩炒め。江南の代表料理

トンポーロウ
东坡肉
ドンポーロウ
おなじみ豚の角煮トンポーロウは杭州の名物

定番中国料理

北京ダック
北京烤鸭
ベイジンカオヤー
炙り焼きにしたアヒルの皮と肉を味わう

マーボー豆腐
麻婆豆腐
マーボードウフゥ
山椒でピリ辛に仕上げるのが本場の味

火鍋
火锅
フオグオ
肉や野菜、魚介を中国風シャブシャブで

小吃・点心

**ション
ジエン**
生煎
中はアツアツ、外はカリカリの焼き小籠包

**シエン
シア
ジアオ**
鲜虾饺
プリッとしたエビが入った蒸し餃子

**シャオ
ロンバオ**
小笼包
一口サイズの肉饅頭。熱々のスープにご注意

**チャー
シャオ
バオ**
叉烧包
甘辛く煮付けた角切りチャーシューがたっぷり

**ヤンチョウ
チャオ
ファン**
扬州炒饭
玉子やむきエビ入りのシンプルなチャーハン

**ジーマー
チウ**
芝麻球
甘い小豆餡が詰まった揚げゴマダンゴ

酒類

ビール
啤酒
ピージウ
各地にご当地ビールがあるのでお試しを

紹興酒
绍兴酒
シャオシンジウ
高級レストランにはカメ入りの高級品も

ワイン
葡萄酒
プータオジウ
砂糖の入った甘いものが多い

ソフトドリンク

コーヒー
咖啡
カーフェイ

紅茶
红茶
ホンチャー

ミネラルウオーター
矿泉水
クアンチュアンシュイ

お湯（湯ざまし）
开水
カイシュイ

フルーツジュース
果汁
グオジー

コーラ
可乐
クーラー

野菜

野菜…蔬菜…シューツァイ
レタス…生菜…ションツァイ
トウガン…冬瓜…ドングア

味覚

辛い（唐辛子の辛さ）…辣…ラー
しょっぱい（塩辛い）…咸…シエン
甘い…甜…ティエン

食感

熱い…热…ロー
冷たい…冷…ロン
かたい…硬…イン